CAMPEONES
SIEMPRE
ESPAÑA
cuatro
2008
W0279742

Coordination éditoriale : Matthieu Sublet
Mise en pages : Bertrand Loquet
Conception graphique : Marina Delranc
Photogravure : Poisson Rouge

N° éditeur : 14525/01
Dépôt légal : septembre 2008
ISBN : 978-2-7021-3925-7
Imprimé en Espagne

H9/08

L'ANNÉE DU FOOTBALL 2008

KARIM NEDJARI • MATTHIEU LE CHEVALLIER

calmann-lévy

L'ANNÉE DU FOOTBALL 2008

SOMMAIRE

AVANT-PROPOS

Fermons les yeux, juste un instant, pour revivre cette saison de football 2008. En cette époque frénétique où un match chasse l'autre, nous avons tous besoin de nous arrêter pour ressentir des émotions. Je me souviens de cette enfance où nous devions attendre au moins quinze jours pour voir les Verts en noir et blanc du côté de Kiev ou de Geoffroy-Guichard. Nous avions le temps de refaire les matchs dans la cour de récréation ou au café des Sports en face de la mairie. Aujourd'hui, la télévision nous déverse des vagues d'images incessantes qui nous submergent. Mais l'amoureux du ballon rond ne ressemblera jamais à ce touriste japonais qui visite au pas de charge le Louvre en une matinée. La fulgurance d'un passement de jambe de Cristiano Ronaldo possède une intensité artistique rare. Il mérite de s'y arrêter comme devant un tableau de Miró. Le vainqueur de la Ligue des Champions si souvent critiqué pour son arrogance est un génie au même titre qu'un peintre. Il restera dans les livres d'histoire du football devenus si utiles pour les futures générations perdues dans le monde virtuel. Le jeu collectif de l'équipe d'Espagne, championne d'Europe, respire également l'audace, la joie de vivre et la confiance d'un pays qui, jadis, traversait les océans pour conquérir le monde. Oui, nous avons vécu une belle année de foot. Cet Euro en Suisse et en Autriche a enfin explosé le concept des systèmes tactiques fermés, étriqués et guerriers. Les Hollandais sont redevenus volants comme dans les années Ajax, les Russes ont renoué avec leur jeu collectif inspiré par les recherches du maître Lobanovski, les Turcs ont été fabuleux de courage... 2008 restera comme l'année de la renaissance, d'une certaine manière de concevoir le football comme un art de vivre.

Évidemment, nos Bleus sont rentrés à la maison beaucoup trop tôt en oubliant leurs valeurs. Mais, peu importe le passé, les héritiers de Zidane possèdent un talent inouï, alors ils vont forcément reprendre leurs destinées en main : les Benzema, Ben Arfa, Nasri et compagnie ont démontré en Ligue 1 tout leur potentiel. Un jour, ils seront aussi à leur zénith. Les défaites d'aujourd'hui préparent les grandes victoires de demain. Le peuple de France ressent tellement le besoin de vibrer, de communier, de s'enflammer... Tiens, souvenez-vous, Carquefou ! Le petit village, situé à deux pas de Nantes. Personne n'oubliera la vaillance de ces amateurs qui ont écrit la légende la Coupe de France. Décidément, cette année 2008 fut riche sur tous les plans. La force de ce livre réside dans cette capacité à se souvenir des belles choses. Tout simplement.

Karim Nedjari

Austria-Switzerland

Campeones !

Quarante-quatre ans après sa précédente victoire dans un grand tournoi international, lors de l'Euro 1964, l'Espagne ajoute une deuxième ligne à son palmarès, sa victoire en finale du Championnat d'Europe des Nations contre l'Allemagne (1-0), dimanche 29 juin à Vienne. Au dernier rang, sa chevelure blonde au vent, Fernando Torres peut sauter de joie. Auteur de l'unique but de la rencontre au prix d'un dernier coup de reins déterminé, l'attaquant de Liverpool sait qu'un retour triomphal au pays attend les « Campeones ».

Salut champion

On ne reverra plus Lilian Thuram sous le maillot tricolore. Le défenseur guadeloupéen porte la tunique bleue une cent quarante-deuxième et dernière fois contre les Pays-Bas le 13 juin à Berne (défaite 4-1). Une sortie de scène en forme de calvaire tant la vivacité des attaquants néerlandais a mis en évidence les limites fixées par ses jambes de 36 ans. Son honnêteté le conduit à céder sa place pour le dernier match, contre l'Italie. Champion du monde en 1998 et d'Europe en 2000, le recordman des sélections en équipe de France méritait une autre fin de carrière internationale que cette triste élimination à l'Euro. Il est même question pour le Guadeloupéen d'arrêter définitivement le football. Sur le point de s'engager avec le PSG, le 27 juin, le joueur apprend qu'il souffre d'une anomalie cardiaque en passant la visite médicale protocolaire. Encore choqué et dans l'attente des résultats d'une batterie d'examens, Lilian Thuram annonce sans hésitation : « Mon frère est mort d'un arrêt cardiaque sur un terrain de basket. S'il y a le moindre risque, j'arrête tout. »

RESPECT
15
adidas
F.F.F.

SAMSUNG
PEPSI
MTN

L'Égypte reine d'Afrique

Et de six pour les Pharaons ! Après ses succès de 1957, 1959, 1986, 1998 et 2006, l'Égypte s'impose une nouvelle fois en finale de la Coupe d'Afrique des Nations, cette fois contre le Cameroun (3-1), le 10 février 2008 à Accra (Ghana). Une erreur de défense de Rigobert Song permet à Mohamed Zidan de servir Abou Treika, auteur de l'unique but de la finale. Après s'être offert un tour d'honneur rapidement transformé en bain de foule, l'entraîneur Hassan Shehata et son équipe peuvent soulever le trophée et laisser éclater leur joie aux yeux du continent.

Giggs dans la légende de MU

Entré en jeu en lieu et place de Paul Scholes en finale de la Ligue des champions, Ryan Giggs est désormais le joueur ayant le plus porté le maillot de Manchester United en match officiel, avec 759 apparitions, contre 758 à Bobby Charlton, qui détenait ce record depuis 1973. Une semaine après son titre de champion d'Angleterre, le club mancunien remporte la 3e C1 de son histoire (1-1, 6 t.a.b. contre Chelsea). Il s'agit aussi du 18e titre avec les Red Devils pour le Gallois de 34 ans. Un honneur qui lui vaut de soulever le trophée conjointement avec le capitaine Rio Ferdinand.

2008
AIG

Lyon s'arrête à Old Trafford

Une nouvelle fois, Lyon n'a pas réussi à convertir sa suprématie nationale en une longue épopée européenne. En 8es de finale retour de la Ligue des champions, le 4 mars 2008 à Old Trafford, Grégory Coupet et François Clerc, impuissants, regardent Cristiano Ronaldo inscrire le seul but de la rencontre, celui de la qualification pour Manchester United. Les Rhodaniens, qui ont longtemps mené 1-0 au match aller grâce à un but de Karim Benzema, regretteront longtemps leur relâchement en fin de rencontre, qui avait permis à Carlos Tevez d'égaliser dans les derniers instants.

Saint-Pétersbourg au Zénith

Trois ans après la victoire en Coupe de l'UEFA du CSKA Moscou, le Zénith Saint-Pétersbourg domine les Glasgow Rangers 2-0 en finale de la même compétition et offre à la Russie le deuxième titre européen de son histoire. Impressionnante techniquement, l'équipe dirigée par le Néerlandais Dick Advocaat a balayé successivement Villareal, l'OM, Leverkusen et le Bayern Munich. Propriété du géant de l'énergie Gazprom, le champion de Russie attire les meilleurs joueurs des pays de l'Est, notamment l'Ukrainien Anatoliy Tymoschuk, acheté pour 15 millions d'euros au Chakhtior Donetsk, ou Andreï Archavine, véritable artiste de l'offensive.

adidas

Cissé en a rêvé

Euphorique Djibril Cissé. En 8es de finale aller de la Coupe de l'UEFA contre le Zénith Saint-Pétersbourg, le 6 mars au Stade Vélodrome, l'attaquant porte le brassard de capitaine et inscrit un magnifique doublé pour l'OM. Un troisième but signé Mamadou Niang permet à Marseille de mener 3-0 avant l'heure de jeu. Mais, en fin de rencontre, Andreï Archavine exploite un flottement dans la défense phocéenne pour réduire le score à 3-1. Le rêve marseillais tourne au cauchemar au match de retour. Battus 2-0 et victimes d'insultes racistes, les Olympiens quittent la scène européenne, éliminés par les futurs vainqueurs de la compétition.

BLUE
TRUE BLUE
SAMSUNG
HARGREAVES
4

Ballack entretient le suspense

Scénario fabuleux en Angleterre. À deux journées de la fin du championnat, samedi 26 avril, Chelsea s'impose sur sa pelouse de Stamford Bridge face à Manchester United (2-1). Les Blues reviennent à égalité de points avec leurs victimes en tête de la Premier League. Après avoir ouvert le score en devançant Rio Ferdinand et Owen Hargreaves, Michael Ballack répond à l'égalisation de Wayne Rooney en inscrivant le penalty de la victoire en fin de match. Déjà battu en finale de la League Cup par Tottenham, Chelsea achèvera la saison sans trophée, laissant MU s'adjuger le titre national puis celui de la Ligue des champions.

2008 W
The FA Cup e.on
Man of the Match
TheFA

Portsmouth retrouve la Cup

Soixante-neuf ans après son premier succès, en 1939, Portsmouth enlève à nouveau la Cup en battant en finale les Gallois de Cardiff (D2). L'auteur de l'unique but de la rencontre, l'attaquant Nwanko Kanu remporte le trophée pour la troisième fois, après ses victoires de 2002 et 2003 avec Arsenal. Le Nigérian de 31 ans – la main devant la Coupe – est l'un des joueurs de renom embauchés à prix d'or par l'homme d'affaires franco-israélo-russe Alexandre Gaydamak. Les Français Sylvain Distin – au fond à gauche le bras levé – et Lassana Diarra, torse nu, remportent leur premier trophée outre-Manche.

L’Inter fait un beau centenaire

L’année de son centenaire, l’Inter Milan s’offre le seizième Scudetto de son histoire, le troisième consécutivement. Les Nerrazzuri ont dû attendre le 18 mai et une victoire 2-0 à Parme lors de la 38e et dernière journée de série A pour assurer leur titre de champion d’Italie, trois points devant l’AS Roma. Auteur des deux buts de la rencontre, l’attaquant suédois Zlatan Ibrahimovic est célébré en héros par Patrick Vieira, qui vit là le meilleur moment d’une saison rythmée par les blessures, et le jeune Mario Balotelli, sacré à seulement 17 ans.

La Roma garde sa Coupe

Chacun son trophée. Une semaine après avoir laissé filer le Scudetto au profit de l'Inter Milan lors de la dernière journée de championnat, l'AS Roma triomphe du club lombard en finale de la Coupe d'Italie (2-1), comme en 2006-2007. Lors de cette troisième confrontation consécutive entre les deux formations à ce stade de la compétition, Philippe Mexès ouvre le score d'une frappe en demi-volée et se laisse recouvrir par ses équipiers Ludovic Giuly, Daniele De Rossi et Simone Perrotta. Ce dernier doublera la mise avant que Vitor Pelé ne réduise la marque pour rien d'une frappe des 25 mètres.

22
Kappa

Realmadrid
HENRY
14
V.VALDES
1
TOURE YAYA
24
7
LFP

Assuré depuis trois jours de remporter la Liga pour la deuxième saison de suite, le Real Madrid reçoit le FC Barcelone. En prélude à ce cent cinquante-sixième classico, les joueurs du club catalan doivent satisfaire à la tradition du pasillo, qui consiste à accueillir les nouveaux champions d'Espagne par une haie d'honneur. Raul et le public de Santiago Bernabeu savourent l'instant, Thierry Henry (14) et Puyol (5) beaucoup moins. Pour prolonger le supplice, les Madrilènes s'imposent 4-1 avec des buts signés Raul, Arjen Robben, Gonzalo Higuain et Ruud Van Nistelrooy sur penalty. Henry réduit la marque pour l'honneur dans les dernières minutes.

VILLE DE LYON

Un doublé pour les anciens

Honneurs aux aînés. Uniques septuples champions de France en activité, Juninho, Grégory Coupet et Sydney Govou sont à l'honneur et soulèvent la Coupe de France que Lyon n'avait plus remportée depuis 1973. Pour s'offrir son premier doublé Coupe-Championnat, le 24 mai au Stade de France, l'OL a souffert en finale face au PSG (1-0). La délivrance est arrivée en prolongation lorsqu'à la réception d'un centre de Karim Benzema, Kader Keita a remisé de la poitrine pour Sydney Govou, auteur de l'unique but de la rencontre, d'une reprise de volée croisée du droit.

Speedy Speedy
gorenje
TRI NGL
INTERIM
Speedy
gorenje
LE CROM
16
POINT

Le penalty de la discorde

On joue depuis trois minutes dans le temps additionnel en finale de la Coupe de la Ligue entre le PSG et Lens, le 29 mars au Stade de France. Les deux équipes sont à égalité 1-1 après des buts de Pauleta et Carrière et semblent devoir aller en prolongation. Touché dans la surface nordiste par Hilton, Peggy Luyindula s'effondre. M. Duhamel, l'arbitre, accordeun penalty discutable. Bernard Mendy le transforme et offre la victoire à Paris. Un succès contesté en raison de cette décision litigieuse et gâché par le déploiement d'une scandaleuse banderole anti-Chtis, qui privera le club de la capitale du droit de défendre son trophée en 2008-2009.

11

Joyeux anniversaire

Dix ans déjà… Les corps ont un peu forci, le rythme n'est plus aussi soutenu, mais les réflexes et le plaisir sont intacts. Le 12 juillet 2008, dix ans après leur victoire en finale de la Coupe du monde contre le Brésil (3-0), les Bleus reviennent au Stade de France célébrer leur anniversaire face à une sélection mondiale dirigée par Arsène Wenger. David Beckham, Pedro Pauleta, Luis Figo, Samuel Eto'o ou encore Sonny Anderson sont venus faire la fête, balle au pied, avec Zinédine Zidane, Didier Deschamps et les autres joueurs entraînés par Aimé Jacquet. Vivement les vingt ans en 2018 !

L'ESPAGNE MÉRITE SA COURONNE

L'équipe la plus régulière, la seule invaincue, a remporté l'Euro 2008. Pour mettre un terme à son absence dans les palmarès internationaux depuis quarante-quatre ans, l'Espagne n'a laissé personne se dresser sur son chemin.
Ni l'Allemagne, battue à la régulière en finale, ni les Italiens, champions du monde sortants mis au tapis, ni même la Russie, magnifique surprise de la compétition au même titre que la Turquie. La France n'est pas conviée à la fête. Les Bleus de Raymond Domenech ont visité la Suisse en neuf jours, deux défaites, un match nul, six buts encaissés pour un seul inscrit. Un terrible fiasco qui laissera des traces.

DES SIGNAUX ALARMANTS

Opposés à la Roumanie, formation supposée la plus faible du groupe C, les Bleus manquent leur entrée dans la compétition (0-0). La rencontre est la plus insipide de l'Euro. Face à un bloc défensif compact, la France ne prend jamais l'initiative. Titulaires en attaque, Nicolas Anelka et Karim Benzema vendangent leurs rares occasions. Les rentrées de Bafetimbi Gomis et de Samir Nasri n'apportent rien. Florent Malouda est transparent. Devant, seul Franck Ribéry s'active, mais il est trop seul. Derrière, Claude Makelele et Jérémy Toulalan comblent les brèches, William Gallas se montre vigilant. En revanche, une accélération d'Adrian Mutu suffit à montrer que Willy Sagnol, Lilian Thuram et Éric Abidal sont hors de forme. Le match est nul dans tous les sens du terme. Dans le même temps, les Pays-Bas sont impressionnant face à l'Italie : 3-0.

RESPECT
adidas
22
22
9
9

3
7

Continental
HENRY
12

UNE LEÇON DE RÉALISME

Enfin pourvue d'intentions offensives, l'équipe de France se crée d'innombrables occasions face aux Pays-Bas. Les efforts des Bleus sont anéantis par le manque de réussite de Sydney Govou, Franck Ribéry et Thierry Henry, le coaching de Raymond Domenech, qui laisse Karim Benzema sur la touche et envoie Bafetimbi Gomis à l'abattoir, et la faiblesse de la défense tricolore. Grégory Coupet, Willy Sagnol, Lilian Thuram et Florent Malouda, totalement dépassés, vivent un calvaire. Plus réalistes, les Néerlandais marquent quatre fois (Dirk Kuyt, Robin Van Persie, Arjen Robben et Wesley Sneijder). Thierry Henry a bien réduit le score à 2-1, mais la sélection Oranje a inscrit son troisième but une minute plus tard. Battus par plus fort qu'eux, les tricolores perdront encore contre l'Italie. De retour à Paris plus tôt que prévu, Raymond Domenech devra rendre des comptes.

UNE FIN EN FORME DE CAUCHEMAR

Pour espérer accéder aux quarts de finale, la France et l'Italie doivent remporter cette revanche de la finale du Mondial 2006. Le scénario de ce dernier match de poule tourne au cauchemar pour les Bleus, battus 2-0. Après huit minutes, Franck Ribéry rate son tacle sur Gianluca Zambrotta et s'écroule. Touché à la cheville et au genou gauche, le Munichois sort sur brancard et cède sa place à Samir Nasri. Un quart d'heure plus tard, Éric Abidal déséquilibre Luca Toni dans sa surface. La sanction est double : carton rouge et penalty, transformé par Andrea Pirlo. À peine rentré, Samir Nasri est remplacé par Jean-Alain Boumsong à la demande de Raymond Domenech. Un défenseur à la place d'un milieu offensif ? Menés 1-0, les tricolores doivent pourtant marquer deux fois... Ils encaisseront un nouveau but, un coup franc de Daniele de Rossi, qui sonne le glas du fiasco.

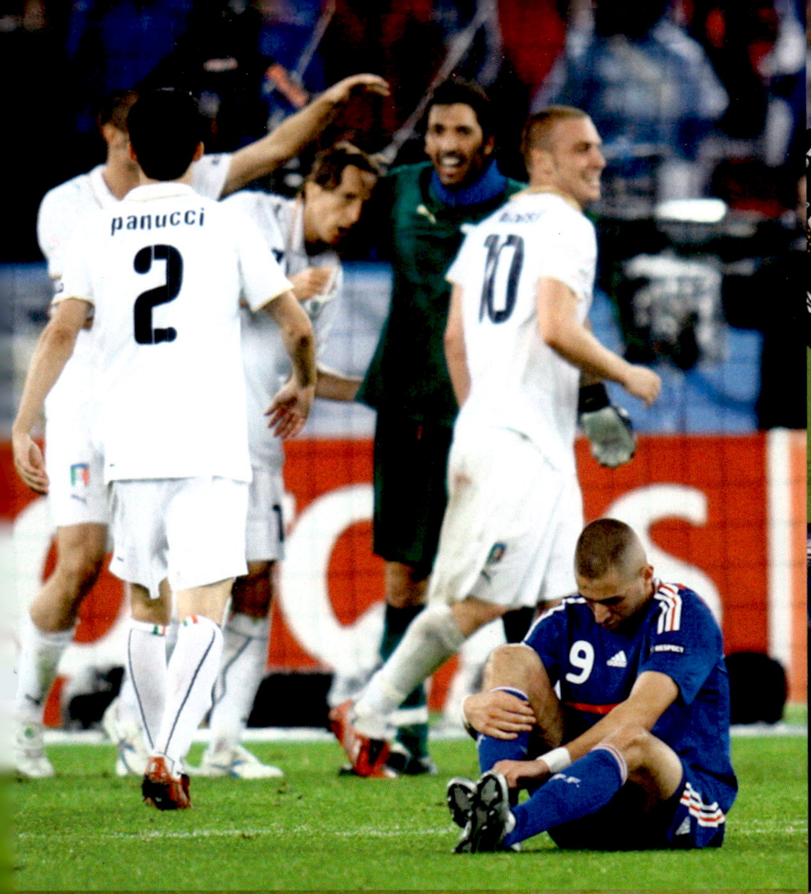
panucci
2
10
9

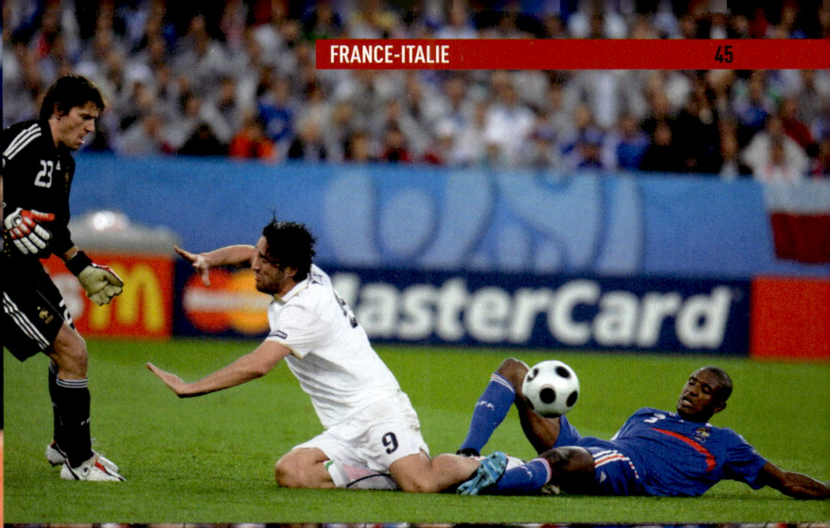
MasterCard
23
9

13
19
20

3
MAKELELE
6

DUNKERQUE
4

Zambrotta
19

UN CONFLIT DE GÉNÉRATIONS

Les meilleurs Français étaient-ils à l'Euro ? David Trezeguet et Ludovic Giuly, excellents dans le Calcio mais en conflit avec Raymond Domenech, ne le pensent pas. Philippe Mexès, Djibril Cissé, Julien Escudé, Alou Diarra, Hatem Ben Arfa ou Mickaël Landreau, repartis en hélicoptère du stage de Tignes, non plus. Mathieu Flamini a de quoi enrager. Écarté de la liste des vingt-trois, le néo-Milanais est rappelé pour quelques jours et repart en vacances. Souffrant d'une cuisse, Patrick Vieira lui est préféré, alors qu'il ne pourra jamais jouer. Les privilèges accordés aux anciens agacent les plus jeunes. Le conflit de générations est palpable. Atteints par la limite d'âge, Lilian Thuram et Claude Makelele arrêtent la sélection. Willy Sagnol, Thierry Henry et Patrick Vieira s'interrogent. Karim Benzema, Samir Nasri, Franck Ribéry, Lassana Diarra ou encore Steve Mandanda, sont prêts à prendre la relève.

adidas

SUEZ
TF1

euro2008

DOMENECH EN SURSIS

Le conseil fédéral réuni jeudi 3 juillet a tranché : Raymond Domenech reste en place malgré le fiasco de l'Euro. Les champions du monde 1998, qui appuyaient la candidature de Didier Deschamps, n'ont pas pesé assez lourd. Dans les cordes mais encore debout, le technicien de 56 ans doit toutefois gommer ses erreurs. À commencer par sa communication, comparée à « du vinaigre sur une plaie » par Jean-Pierre Escalettes, le président de la FFF. Point d'orgue, sa demande en mariage à Estelle Denis, sa compagne, en direct sur M6 quelques minutes après l'élimination. Sa gestion logistique est également à revoir. L'isolement abusif des Bleus en Suisse, comme les changements de terrain d'entraînement à la dernière minute pour semer les journalistes ont déplu. Les choix humains et tactiques font aussi débat. La composition du staff sera revue. Encadré, Raymond Domenech commencera la campagne de qualification au Mondial 2010 avec l'équipe de France. Sans amélioration, il n'est pas sûr qu'il la termine.

UEFA
EURO2008
Austria-Switzerland

suez
CA
TF1

LES CHAMPIONS DU MONDE PAR LA PETITE PORTE

Sans Fabio Cannavaro, son habituel capitaine forfait pour l'Euro, ni Andrea Pirlo ni Gennaro Gattuso, suspendus pour ce quart de finale, l'Italie avait-elle les moyens de battre l'Espagne ? Le coup ne passe pas loin pour les champions du monde. La rencontre est aussi fermée qu'indécise et la décision se fait lors de la séance des tirs au but, résumée à un duel à distance entre Iker Casillas et Gianluigi Buffon, les deux meilleurs gardiens du monde. L'Espagnol bloque les tentatives de De Rossi et Di Natale, l'Italien ne réussit qu'une parade face à Güiza, ce qui n'est pas suffisant pour éviter l'élimination de son équipe. Autres faits marquants de ces quarts de finale, la détresse de Cristiano Ronaldo après la victoire de l'Allemagne sur le Portugal (3-2), le récital de la Russie face aux Pays-Bas et la nouvelle qualification miraculeuse de la Turquie, vainqueur aux tirs au but de la Croatie.

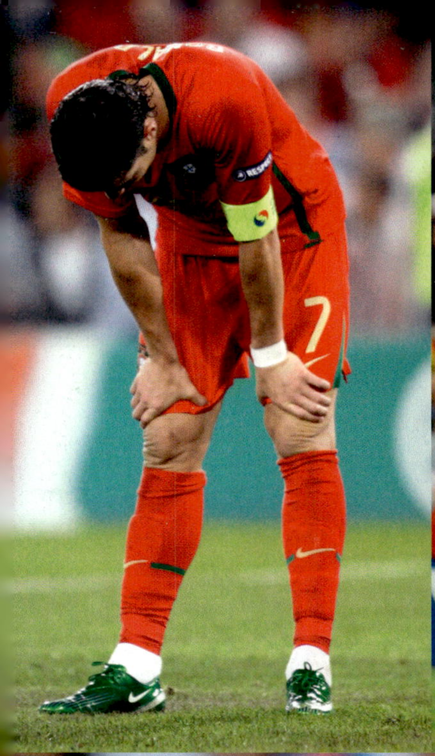

euro2008.com
HYUNDAI

0546
cech

LE MIRACLE TURC

Admirable, la Turquie force le destin pour accéder à sa première demi-finale européenne. Contre la Suisse, elle concède l'ouverture du score, égalise d'une tête signée Semih Sentürk et l'emporte dans les arrêts de jeu grâce à un tir d'Arda Turan dévié dans le but suisse par Patrick Müller. Deuxième miracle quatre jours plus tard contre la République tchèque, qui mène 2-0 et expédie le ballon sur la barre. Au prix d'un dernier quart d'heure d'anthologie, les hommes de Fatih Terim marquent trois fois par Arda Turan et Nihat (87e et 89e). En quart de finale, la Croatie croit se qualifier en inscrivant le premier but à la 119e minute. Mais Semih Sentürk égalise à la dernière seconde de la prolongation. Décisif lors de la séance des tirs au but, le gardien Rüstü achève l'équipe de Slaven Bilic. Les Turcs finissent par céder 3-2 en demi-finale face à l'Allemagne, au cours d'une soirée marquée par un festival offensif.

ZHIRKOV
18

L'ALLEMAGNE AUX FORCEPS

Les demi-finales de l'Euro se résument à un festival offensif. Le feu d'artifice est déclenché par une équipe de Turquie décimée mais déterminée à battre l'Allemagne. Ügür Boral ouvre le score d'une reprise du gauche. Dominés, les Allemands égalisent sur un contre de Lukas Podolski, conclu par Bastian Schweinsteiger. À nouveau assaillie, la Nationalmannshaft résiste péniblement, puis prend l'avantage contre le cours du jeu lorsque Miroslav Klose devance Rüstü de la tête. Héroïques, les Turcs reviennent au score à la 86e grâce à un exploit de Semih Sentürk. Mais Philipp Lahm clôt les débats à la dernière minute (3-2). Avec trois buts en trois tirs cadrés, l'Allemagne se qualifie aux forceps pour la finale. Elle y retrouvera l'Espagne, vainqueur 3-0 d'une équipe de Russie méconnaissable après ses prouesses des matches précédents.

LA SENSATION RUSSE

La victoire du Zénith Saint-Pétersbourg en Coupe de l'UEFA était un avertissement. Dirigée par le Néerlandais Guus Hiddink, demi-finaliste de la Coupe du monde 2002 avec la Corée du Sud, la Russie a illuminé l'Euro. Baromètre de ce collectif parfaitement huilé et endurant : Andreï Archavine, 27 ans. L'attaquant aux pieds d'or, suspendu pour les deux premiers matches, commence son festival face à la Suède, surclassée 2-0. Assommés par la tornade russe, les Pays-Bas s'inclinent 1-3 après prolongation en quart de finale, le match le plus spectaculaire du tournoi. Le gardien Igor Akinfeïev, le défenseur Youri Zhirkov, l'attaquant Roman Pavlyuchenko et Sergueï Semak, ancien du PSG, épatent. Mais en demi-finale, Archavine est hors sujet. La douce mélodie tourne au récital pour grosses caisses. Malgré cette défaite 0-3 face à l'Espagne, il faudra désormais compter avec la Russie.

ТВЕРЬ

VIVA ESPAÑA !

D'un bond, Juan Carlos Ier, le roi d'Espagne, se lève et étreint la reine Sofia. Fernando Torres vient d'ouvrir le score pour la sélection ibérique en finale de l'Euro contre l'Allemagne. L'action est limpide : lancé par Xavi Hernandez, l'attaquant de Liverpool déborde Philippe Lahm d'un coup de reins rageur, pique le ballon devant Jens Lehmann et marque dans le petit filet opposé. Au jeu vif et technique des hommes de Luis Aragonés, ceux de Joachim Löw n'opposent qu'approximations. Incertain jusqu'au coup d'envoi en raison d'une infection au mollet, Michaël Ballack ne fait qu'accompagner le naufrage de la Nationalmannshaft. La définition de l'ancien international anglais Gary Lineker – « Le football se joue à onze et à la fin ce sont les Allemands qui gagnent » – est obsolète. L'Espagne s'impose 1-0 et tient enfin son rang après quarante-quatre ans d'absence au palmarès international.

13
21

PODOLSKI
20

TORRES
9

21
adidas

SAENKO
9
6
22

erg

19

L'ESPAGNE PRIMÉE À LA RÉGULARITE

Unique équipe invaincue de la compétition, la « Roja » est progressivement montée en puissance, se montrant la plus régulière. Sélectionneur le plus âgé à remporter l'Euro, Luis Aragonés, 69 ans, a su imposer un jeu vif et collectif, mais aussi convaincre le Brésilien Marcos Senna de prendre la nationalité espagnole. Le milieu défensif de Villareal aurait mérité le titre de meilleur joueur, finalement décerné à Xavi Hernandez. L'attaquant David Villa, blessé pour la finale mais meilleur buteur de l'Euro, comme Andres Iniesta et David Silva, insaisissables milieux offensifs de poches, ont eu un rôle déterminant. Le capitaine Iker Casillas, lui, confirme qu'il est le meilleur gardien du monde. Décomplexée par son titre, cette jeune équipe semble armée, dix ans après l'équipe de France, pour réaliser le doublé Euro 2008–Coupe du monde 2010.

UN RETOUR TRIOMPHAL AU PAYS

L'Espagne attendait ça depuis quarante-quatre ans et sa victoire en finale de l'Euro 1964 contre l'URSS (2-1) devant près de 80 000 spectateurs au Stade Santiago Bernabeu de Madrid. Pour célébrer le retour au pays des héros, lundi 30 juin 2008, plusieurs centaines de milliers de supporters de la Roja envahissent les rues de la capitale. Rentrés d'Autriche à bord d'un avion ciglé Campeones, Iker Casillas et sa bande traversent une marée humaine à bord d'un bus à impériale. Place de Colón, la communion avec le public est totale. Carlos Puyol, Cesc Fabregas, Xavi Hernandez, Sergio Ramos et David Villa dansent, le trophée passe de main en main. Sept avions aux couleurs de l'Espagne survolent la foule en délire. Les chaînes de télévision retransmettent l'événement en direct. Le lendemain, l'équipe espagnole rend visite à la famille royale puis au Premier ministre José Luis Zapatero avec le trophée encore imbibé de champagne. «Vous avez réussi à rendre heureux toute l'Espagne et tous les Espagnols», remercie le chef du Gouvernement, en espérant qu'il ne faille pas attendre quatre décennies pour le prochain sacre.

APICIL
NOVOTEL
OLYMPIQUE LYONNAIS
NOVOTEL

L'ENVOL DE KARIM BENZEMA

Le football français et l'OL tiennent leur nouvelle pépite. Le phénomène se nomme Karim Benzema, meilleur buteur de Ligue 1 et désigné meilleur joueur du championnat par ses pairs. À seulement 20 ans, ce pur produit de la formation à la lyonnaise a explosé cette saison, au point de devenir la terreur des surfaces nationales et internationales.

LE MESSIE LYONNAIS

Trois ans après avoir découvert l'univers du football professionnel, Karim Benzema en maîtrise toutes les subtilités. Ses vingt buts en Ligue 1, ses six réalisations en autant de matches de Coupe de France et son altruisme sont le socle du premier doublé Coupe-championnat réussi par Lyon. En Ligue des champions, il fait trembler les filets quatre fois en sept matches, y compris ceux de Van der Sar, le légendaire gardien de Manchester United. Cet agile technicien capable d'évoluer sur tout le front de l'attaque est aussi un homme de rendez-vous. L'OL est obligé de l'emporter à Glasgow face aux Rangers pour aller en huitièmes de finale de la C1 ? Benzema inscrit un doublé. Lyon doit battre Auxerre pour assurer son septième titre consécutif ? Il ouvre le score après vingt-quatre secondes de jeu. Belle ponctualité.

AIG
NOVOTEL
10

Old Trafford aimerait le revoir

Cerné par Wesley Brown et Rio Ferdinand lors du 8es de finale retour de Ligue des champions remporté par Manchester United face à Lyon (1-0), Karim Benzema n'a pas marqué à Old Trafford. Il n'a pas laissé indifférent Alex Ferguson pour autant. Dès le début de l'hiver, le manager des Red Devils s'est dit prêt à débourser jusqu'à 30 millions d'euros pour embaucher le serial buteur de l'OL. À moins d'une offre double, voire triple, les dirigeants lyonnais n'entendent même pas discuter du départ de leur joyau, sous contrat jusqu'en 2013. Le champion d'Angleterre n'est pas seul sur les rangs. Les plus grands clubs d'Europe guettent le jour où la nouvelle coqueluche du football français sera sur le marché : Real Madrid, Barcelone, Milan AC, Inter Milan, Arsenal... Pour se laisser le temps de grandir, le joueur déclare début 2008 : « Je resterai à Lyon jusqu'à ce qu'on gagne la Ligue des champions. »

SFR
OLYMPIQUE LYONNAIS
OL
SFR

2008

orange
Trophée du Joueur du mois de Ligue 1
Avril 2008
Karim BENZEMA (Olympique Lyonnais)

LES HONNEURS À 20 ANS

Fêté en héros sur le balcon de l'hôtel de ville de Lyon après le titre de champion et la victoire en Coupe, Karim Benzema reçoit aussi le prix du meilleur buteur de Ligue 1. Zinédine Zidane en personne lui décerne le trophée de meilleur joueur du championnat. À quand le ballon d'or ? « Ça viendra, je vise le niveau mondial », assène le jeune talent. On s'arrache le phénomène. Adidas, son équipementier, en a fait sa figure de proue, en remplacement de « Zizou ». Réclamé sur tous les plateaux de télévision, il se montre à l'aise face aux caméras, comme lors du « Grand journal » de Canal+ présenté par Michel Denisot. Emblème de l'OL, Benzema émargeait à environ 300 000 euros mensuels cette saison et sera le mieux rétribué de son équipe en 2009. À 20 ans, il a pu aisément offrir la maison de leurs rêves à ses parents, chez qui il vit toujours.

SUR LES TRACES DE THIERRY HENRY

Comparé à Zinédine Zidane en raison de leurs origines kabyles, Karim Benzema marche davantage sur les traces de Thierry Henry : même poste, même précocité, même efficacité face au but... À l'heure où le recordman des buts inscrits en Bleu (45 après l'Euro 2008) décline, son cadet de dix ans suit sa trace et se tient prêt à prendre le relais. Henry a intégré à 20 ans le groupe d'Aimé Jacquet, disputé huit mois plus tard sa première phase finale – la Coupe du monde 1998 – et inscrit ses trois premiers buts en équipe nationale au cours de ses cinq premières sélections. Retenu par Raymond Domenech à seulement 19 ans, treize mois avant de participer à l'Euro 2008, Karim Benzema a lui aussi marqué trois fois au cours de ses cinq premiers matches en Bleu, mais sans jamais avoir été titulaire ! Rendez-vous dans dix ans pour comparer les palmarès.

LED

Home

C'EST LA RIBÉRYMANIA

Où s'arrêtera l'ascension de Franck Ribéry ? Nouvelle icône du Bayern Munich trois ans seulement après avoir découvert la Ligue 1 au FC Metz, le feu follet venu de Boulogne-sur-Mer n'en finit pas d'étonner et semble ne se fixer aucune limite. Passeur, buteur, dribbleur, généreux en facéties, doté d'une rage de vaincre à toutes épreuves, « Scarface » a su devenir incontournable en équipe de France, au point de tenter le difficile pari de succéder à Zinédine Zidane.

L'IDOLE DU BAYERN

Les dirigeants du Bayern Munich ne doivent pas regretter l'investissement. Acheté 26 millions d'euros à Marseille durant l'été 2007, Franck Ribéry n'a pas tardé à se montrer rentable. Désigné meilleur joueur de la Bundesliga dès sa première année en Allemagne, le milieu offensif a confirmé l'excellente impression laissée outre-Rhin lors de la Coupe du monde 2006. La complémentarité de « Ti Franck » avec l'attaquant international italien Lucas Toni a permis au club bavarois de remporter toutes les compétitions en Allemagne (championnat, Coupe et Coupe de la Ligue), et de caresser jusqu'en demi-finale de la Coupe UEFA le rêve d'ajouter un trophée européen à cette impressionnante moisson. Conquis, les supporters du Bayern ne manquent pas une occasion d'arborer écharpes et banderoles à l'effigie de leur numéro 7 fétiche. Même l'illustre et très exigeant Franz Beckenbauer est tombé sous le charme.

7
RIBÉRY

SUPPORT

trenkwalder
Kappa
trenkwalder
Kappa
FCB

POUR MON
POTE HICHAM
ET Mr
GILARDI
22
39

GAZPROM
T-Home

UN SHOW PERMANENT

Quel que soit l'endroit où il se trouve, Franck Ribéry ne peut s'empêcher de faire le spectacle. Chacune de ses percussions met les tribunes en émoi. Pour l'empêcher de développer son art, ses adversaires sont souvent obligés de défendre à deux ou trois sur lui. Le Ch'ti a toujours une pensée louable lorsqu'il marque. En inscrivant sur penalty l'unique but du match France-Angleterre, le 26 mars au Stade de France, il fonce vers les caméras pour exhiber un tee-shirt à la mémoire de Thierry Gilardi, le monsieur football de TF1 décédé la veille. Un mot était également destiné à Hicham, un ami disparu. Grand cœur, il est aussi joueur, ne manquant jamais une bonne blague, comme dévisser la salière en plein repas ou provoquer une bataille de coussins dans un avion. Sur le terrain ou dans le vestiaire, Franck Ribéry est un leader.

DUR DE SUCCÉDER À ZIDANE

« Sur le terrain, je suis le successeur de Zinédine Zidane », revendique Franck Ribéry. L'héritage est lourd à porter mais « Frankie » assume. Sur un côté ou dans l'axe au soutien des attaquants, l'ancien Marseillais est l'incontournable plaque tournante du jeu de l'équipe de France. Son abnégation et sa bonne humeur communicative aident le groupe dirigé par Raymond Domenech à digérer une campagne de qualification à l'Euro crispante. Rare tricolore à son avantage lors de la phase finale disputée en Suisse, il doit quitter ses partenaires après s'être blessé au genou et à la cheville contre l'Italie au bout de vingt-cinq minutes, dans un accrochage avec Gianluca Zambrotta. Privés de leur guide, les Bleus ne trouveront jamais le chemin de la qualification. Comme Zinédine Zidane, Franck Ribéry est devenu indispensable. Reste à égaler le palmarès du maître.

Carrefour

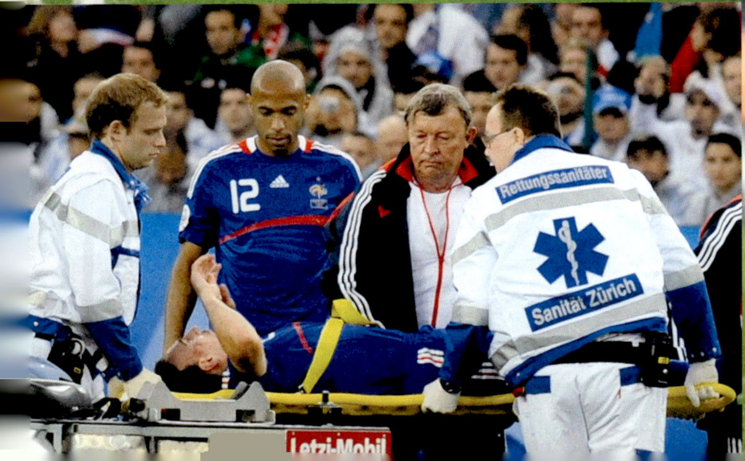
Rettungssanitäter
Sanitat Zürich

FCB
unicef

HENRY DANS TOUS SES ÉTATS

Étrange saison pour l'ancien attaquant fétiche d'Arsenal. Admis dans le club restreint des centenaires en sélections, nouveau détenteur du nombre de buts inscrits en équipe de France, Thierry Henry a aussi connu des instants pénibles : une première saison difficile à Barcelone ; son divorce ; une élimination prématurée à l'Euro ; le poids des ans qui commence à se faire sentir. Des honneurs à la détresse, voici « Titi » dans tous ses états.

MALAISE AU BARÇA

Comme un mauvais présage, Claire, la femme de Thierry Henry, refuse de le suivre de Londres à Barcelone et demande le divorce. Sa fille Tea, qu'il ne voit qu'occasionnellement, lui manque. Mal remis d'une blessure, l'ancien Gunner reprend trop vite la compétition. Positionné sur l'aile gauche par Franck Rijkaard, un poste qu'il n'affectionne pas, l'international français vit mal la concurrence de Samuel Eto'o, Ronaldinho, Lionel Messi et Bojan Krkic. Parfois remplaçant, le Guadeloupéen peine à s'adapter malgré le soutien de ses compatriotes Lilian Thuram et Éric Abidal. Éliminé en demi-finale de la Ligue des champions, seulement troisième de Liga, le Barça vit sa plus mauvaise saison depuis cinq ans. Accueilli telle une rock star lors de sa présentation officielle en juin 2007, Thierry Henry n'a pas suffi à faire d'un amas de bons joueurs une équipe triomphante.

UN SENS DU BUT INTACT

Excentré dans le couloir gauche du Barça, souvent cantonné à des tâches défensives, Thierry Henry a été privé de la liberté qu'il affectionne lorsqu'il évolue à la pointe de l'attaque. Quand il le peut, le numéro 14, anciennement porté par Johan Cruyff, oublie les consignes tactiques pour laisser s'exprimer son instinct de buteur. En Liga, il se déchaîne à Levante en réalisant un « hat trick », et termine la saison en trombe avec cinq buts en quatre journées. En Ligue des champions, l'ancien Monégasque marque trois fois, contre les Rangers, Lyon et à Glasgow face au Celtic, puis s'éteint progressivement à partir des quarts de finale. Signe de désarroi, son attitude prostrée, les mains sur le visage, illustre une fin de campagne européenne décevante. Thierry Henry se console en terminant meilleur réalisateur du club catalan, avec dix-neuf buts inscrits toutes compétitions confondues.

PUYOL
marcos senna

unicef
MURCIA

adidas

UN CADRE HISTORIQUE DES BLEUS

Au crépuscule de sa carrière internationale, Thierry Henry trouve l'énergie de s'octroyer quelques distinctions honorifiques. Meilleur réalisateur des Bleus lors des qualification pour l'Euro 2008, il réussit un doublé à Nantes face à la Lituanie le 17 octobre et bat du même coup le record de buts inscrits en équipe de France, détenu depuis plus de vingt ans par Michel Platini (41). Capitaine intérimaire en l'absence de Vieira ou de Thuram, Henry porte son record à quarante-cinq réalisations en sélection durant l'Euro, en inscrivant face aux Pays-Bas l'unique but du groupe de Raymond Domenech dans la compétition. Auparavant, le 2 juin au Stade de France contre la Colombie, ce cadre essentiel à la cohésion entre nouveaux et anciens avait atteint le cap des cent matches en équipe de France. Sa volonté et ses jambes de trentenaire lui permettront-elles d'aller beaucoup plus loin ? Pas sûr du tout.

NOVOTEL
OLYMPIQUE LYONNAIS
OL
2002
2003
2004

L'APOGÉE DE LYON

Et de sept ! L'Olympique lyonnais règne sans partage sur la Ligue 1 depuis 2002 et prolonge sa série record de titres nationaux. Cette nouvelle moisson, complétée par une victoire en Coupe de France, n'a pas été la plus simple à réaliser pour le club de Jean-Michel Aulas. Le renouvellement d'un effectif performant mais vieillissant n'est pas chose aisée, et Bordeaux s'est révélé menaçant jusqu'à la dernière journée de championnat.

DUEL DE CHEFS AVEC BORDEAUX

Difficile pour Lyon de dominer le championnat une septième saison consécutive. Les héros sont fatigués. Heureusement, Karim Benzema marque but sur but. De son côté, Laurent Blanc réussit ses débuts d'entraîneur avec Bordeaux. Accrochés, les Rhodaniens tiennent les Girondins en respect grâce aux confrontations directes. L'équipe d'Alain Perrin prend la tête du classement en allant s'imposer 3-1 à Chaban-Delmas (10e journée). Le match retour (28e journée, 4-2) est d'une grande intensité. Mathieu Bodmer et Kader Keita, les deux recrues arrivées de Lille, inscrivent trois des quatre buts lyonnais, contre deux réalisations de Fernando Cavenaghi et Wendel à Bordeaux. Avec deux points d'avance à l'entame de la dernière journée, l'OL assure son titre en allant s'imposer 3-1 à Auxerre, grâce à deux buts de Benzema et de Fred en dix minutes. Un dénouement mérité qui évite de nouvelles crispations.

KIA
SQUILLACI
29
NOVOTEL

DES TENSIONS BIEN GÉRÉES

De nombreux obstacles se dressent sur la route du succès lyonnais. Blessés, Grégory Coupet et Cris manquent la première moitié de saison. Juninho semble décliner. Fabio Grosso, le champion du monde italien, se révèle un bien piètre latéral gauche. Hatem Ben Arfa et Karim Benzema, deux prodiges qui ont grandi ensemble, ne se parlent plus. Le premier, systématiquement remplaçant, vit mal la réussite du second. En janvier, le Brésilien Fred réclame plus de temps de jeu ou un transfert. En froid avec ses adjoints, Alain Perrin est remercié en fin de saison malgré le titre de champion et la victoire en Coupe de France. Le nouvel entraîneur est Claude Puel. L'ancien technicien lillois est chargé de préparer l'avenir avec une nouvelle génération, dont font partie Miralem Pjanic, 18 ans, l'attaquant bosniaque de Metz, et l'ancien gardien niçois Hugo Lloris, 21 ans.

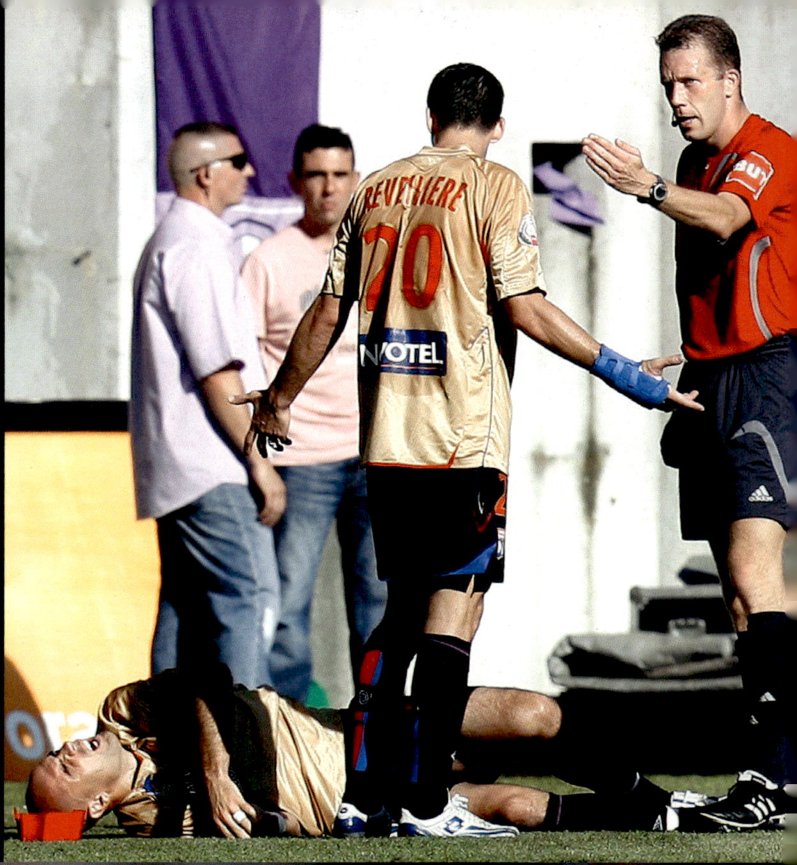

uefa.com
CHAMPIONS LEAGUE
uefa.com
CHAMPIONS LEAGUE
uefa.com
CHAMPIONS LEAGUE

APICIL
Ticket
NOVOTEL
APICIL
NOVOTEL
NOVOTEL

WEIR
3

10
VIDIC
15
4

LE FANTASME EUROPÉEN

L'ambition de Jean-Michel Aulas n'a pas de limite. La réussite sportive de son équipe se heurte en revanche aux frontières de l'Hexagone. Le rêve du président lyonnais de voir son club remporter la Ligue des champions relève pour l'instant du fantasme. En démarrant sa campagne européenne par deux défaites 0-3 à Barcelone et à Gerland face aux Glasgow Rangers, l'OL inquiète. Ses performances en C1 semblent dépendantes d'exploits individuels, comme le doublé d'Hatem Ben Arfa contre Stuttgart (4-2), ou de réactions d'orgueil, comme la qualification en huitièmes de finale arrachée à Glasgow face aux Rangers au prix d'une victoire 3-0 avec un but de Sydney Govou et un doublé en fin de match de Karim Benzema. Au tour suivant, Manchester United se qualifie en inscrivant un but de plus que Lyon sur l'ensemble des deux matches. Ce n'est pas de la malchance. Uniquement la différence entre une grande et une bonne équipe.

TAIWO
3
Groupama
7

L'IMPOSSIBLE REMONTÉE DE L'OM

Éric Gerets est-il un magicien ? L'effervescence du Stade Vélodrome est-elle le meilleur remède aux maux les plus incurables ? Longtemps relégable et auteur d'un premier tiers de championnat catastrophique, Marseille a réussi le redressement le plus spectaculaire de l'année pour finalement arracher la troisième place dans les dernières minutes de la dernière journée. Ou quand l'OM passe des larmes au rire.

ÉRIC GERETS À LA RESCOUSSE

En qualifiant l'OM pour la Ligue des champions à l'issue du championnat 2006-2007, Albert Emon pensait avoir fait le plus dur. Hélas, pour le technicien phocéen habitué à jouer au pompier ou au fusible selon les périodes, son équipe ne remporte qu'un seul de ses neuf premiers matches de championnat. La défaite concédée à Auxerre le 22 septembre (2-0) est celle de trop. Le président Pape Diouf annonce l'arrivée d'un nouvel entraîneur : le Belge Éric Gerets, réputé pour sa poigne et son franc-parler. Une ferme reprise en main précède l'embellie. Battu à Sochaux 2-1, le 27 octobre, Marseille occupe la dix-neuvième place et touche le fond. Avant d'amorcer son retour en surface deux semaines plus tard par une victoire à Lyon, premier coup d'éclat réussi grâce à un doublé de Mamadou Niang. L'OM est de retour.

29
22

adidas
Quick
Orange
Groupama

N'DAW
8
LFP
49

Nasuba Express
KIA

calberson
Orange

AU BOUT DU SUSPENSE

La dynamique de réussite permet aux individus de se mettre en valeur. Cédric Carrasso est indisponible six mois ? Steve Mandanda, prêté puis vendu par Le Havre, se révèle être un gardien de classe internationale. Auteur de deux buts à mi-saison, Djibril Cissé en inscrit quatorze de janvier à mai. Son entente avec Mamadou Niang (18 buts) fera à nouveau céder la défense de Lyon (victoire 3-1), exploser celle de Caen (6-1). La mission « prioritaire » de la saison, battre le PSG au Vélodrome, est remplie pour le capitaine Lorik Cana. Moins connus, le défenseur Laurent Bonnart ou les milieux Benoît Cheyrou et Mathieu Valbuena sortent de l'ombre. Avant de rejoindre Arsenal, Samir Nasri marque contre Strasbourg lors de la dernière journée (4-3). Au bout du suspens, Marseille chipe à Nancy la troisième place. Ouf !

Mandanda peut voir loin

Stade Marcel Picot, mercredi 23 janvier, 22e journée de L1. Soutenu par Julien Rodriguez, Steve Mandanda est plus prompt à se saisir du ballon que les Nancéiens Jonathan Brison (23), André luiz (5) et Issiar Dia. L'OM prend un point qui l'aidera à coiffer l'équipe lorraine pour la troisième place lors de la dernière journée. Comme toute la saison, le gardien marseillais est un dernier rempart solide. Propulsé titulaire en club suite à la rupture du tendon d'Achille de Cédric Carrasso, le 22 août, l'ancien Havrais fait étalage de toute sa classe en se révélant à la Ligue 1 et en Coupe d'Europe. Le Franco-Congolais est tellement bon que Raymond Domenech l'intègre dans sa liste des 23 pour l'Euro au détriment de Mickaël Landreau, pourtant considéré comme le fils spirituel du sélectionneur. Steve Mandanda n'a que 23 ans. L'avenir lui appartient.

L'EUROPE DÉCOUVRE MATHIEU VALBUENA

Cet instant d'éternité fait passer Mathieu Valbuena du statut d'inconnu à celui de postulant à une place pour les 23 à l'Euro. Le 3 octobre 2007, jour de sa première titularisation en Ligue des champions, le milieu de poche (1,63 m), âgé de 23 ans, inscrit un but somptueux sur la pelouse de Liverpool : frappe enroulée des 20 mètres pleine lucarne. La première victoire d'un club français à Anfield (1-0) restera comme le fait d'armes de la saison européenne de l'OM. Étrillé au match retour (4-0) par Dirk Kuyt et les Reds, Marseille est reversé en Coupe de l'UEFA. En huitièmes de finale, Djibril Cissé croit avoir fait le plus dur en permettant à son équipe de mener 3-0 face au Zénith Saint-Pétersbourg, mais les futurs vainqueurs de la compétition réduisent le score grace à Andreï Archavine et se qualifient au retour grâce à un doublé de Pavel Pogrebnyak.

PSG, LE GRAND CIRQUE PERMANENT

Depuis dix ans, le PSG ne fait plus peur, il fait rire. Ses dirigeants comptaient sur la première saison pleine de Paul Le Guen au poste d'entraîneur du club parisien pour mettre un terme à cette dérive, mais leur vœu n'a pas été exaucé. L'unique club de la capitale à figurer parmi l'élite est passé tout près d'une relégation en L2. La victoire en Coupe de la Ligue ne suffit pas à dissimuler les raisons de ce nouveau fiasco : un recrutement sans relief, un jeu stéréotypé, une gestion intrigante. Pour peu, on prendrait le Parc des Princes pour un chapiteau de cirque. Il ne manque qu'un nez rouge aux joueurs.

LE PÉRIL JEUNE

Incité par sa direction à faire confiance à de jeunes joueurs pour augmenter leur valeur marchande, Paul Le Guen applique la consigne avec zèle. En début de saison, Pedro Pauleta, Mario Yepes et Marcello Galardo, les joueurs les plus expérimentés, sont abonnés au banc de touche. Les commandes sont laissées à Grégory Bourillon, Didier Digard et aux rescapés de l'équipe championne de France 2006 des 18 ans : Loris Arnaud, Younousse Sankharé ou encore Mamadou Sakho – capitaine contre Lyon à seulement 17 ans. La chute du PSG s'accélère. Le recrutement de deux Brésiliens au mercato hivernal noircit un peu plus le tableau. Souza devient remplaçant après deux matches, Everton n'a pas le niveau pour jouer avec la réserve. Paul Le Guen se ravise et réhabilite tardivement les anciens pour éviter la Ligue 2.

Fly
Emirates

Fly
Emirates

SOUZA
10
EVERTON
19

Fly
Emirates

CAEN
3
PARIS S-G
0

LA GRANDE FRAYEUR

En championnat, seuls les plus mal classés – Metz, Lens, Strasbourg et Auxerre – sont battus au Parc des Princes. Les individualités du groupe dirigé par Paul Le Guen (Rothen, Armand, Yepes, Pauleta, Luyindula, Landreau) ne constituent pas une équipe. Caen offre une leçon de football au club de la capitale en s'imposant 1-0 à Paris puis 3-0 en Normandie. Attaque inconsistante, défense et mental friables : impossible de tenir un score. Mené 2-1, porte de Saint-Cloud, Nice marque deux fois en toute fin de match et l'emporte finalement 3-2... Huit fois relégable, encore dix-huitième à deux journées de la fin, le PSG se sauve in extremis grâce à un doublé d'Amara Diané à Sochaux lors de son ultime match (1-2). Meilleur buteur de l'histoire du club parisien (109 réalisations toutes compétitions confondues), Pedro Pauleta, 35 ans, n'aurait pas mérité d'arrêter sa carrière en France sur une descente.

PANIQUE À TOUS LES ÉTAGES

Têtu, Paul Le Guen n'accepte aucune remise en question, malgré les résultats de son équipe. À la décharge du technicien, le vent de panique qui souffle à tous les étages de sa hiérarchie n'est pas très porteur. Sébastien Bazin et Walter Butler, principaux actionnaires du PSG et novices dans le football, ne comprennent pas comment avec le troisième budget français ils en sont à jouer le maintien. Las de jeter son argent dans un puits sans fond, le second vend l'essentiel de ses parts au premier. À la présidence, Alain Cayzac présente le pire bilan de l'histoire de son club et démissionne en avril, vexé qu'on lui impose un conseiller sportif, Michel Moulin. Simon Tahar est nommé président intérimaire. Moulin et Tahar briguent la présidence pour la saison 2008-2009. Ils sont doublés par Charles Villeneuve, ancien patron des sports de TF1. Le premier transfert de l'ex-présentateur du « Droit de savoir » tourne court : les médecins découvrent que Lilian Thuram souffre d'une anomalie cardiaque...

Fly
Emirates

Orange
PSG
Europe1
PSG TV

LES SUPPORTERS À BOUT DE NERFS

Des résultats sportifs devaient accompagner la hausse des tarifs d'abonnement. Les supporters du PSG attendent toujours. Effrayés à l'idée d'une descente en L2, les fans parisiens peinent à contenir leur colère. Des slogans haineux visent joueurs et dirigeants. Jérôme Rothen porte plainte après avoir reçu des menaces à son domicile. Le camp des Loges est tagué après une déroute à Caen (défaite 3-0). Une dizaine de stewards et un détachement de CRS doivent alors assurer la protection des joueurs et de l'encadrement. Jusqu'à 2 000 représentants des forces de l'ordre entourent le Parc des Princes les soirs de matches. En fin de saison, le ministère de l'Intérieur prononce la dissolution des Boulogne Boys, la plus ancienne et l'une des plus violentes associations de supporters du PSG, accusée d'avoir participé à la fabrication d'une banderole anti-Chtis déroulée au Stade de France.

EN COLERE
GAGNEZ

3A

DEGAGEZ
CES COULEURS NE DESCENDENT PAS
UNE EQUIPE A PARIS !!!
PORTEZ VOS COUILLES !
ALLEZ TOUS VOUS FAIRE ENCULER

gorenje
TRIANGLE
INTERIM

uhlsport
SFR

LES COUPES POUR SE RACHETER

Équipe de paradoxes, le PSG réussit à se qualifier pour les finales de la Coupe de la Ligue et de la Coupe de France sans être, à l'époque, assurée de son maintien en L1. La victoire dans la première compétition est arrachée à Lens dans les derniers instants (2-1) grâce à un penalty litigieux obtenu par Peguy Luyindula et transformé par Bernard Mendy. Pour économiser les titulaires en vue de la course au maintien, la Coupe de France est longtemps l'affaire des réservistes parisiens, qui se qualifient sans gloire face à des équipes de division inférieure, comme les amateurs de Carquefou (CFA2) en quarts de finale (1-0) ou Amiens (L2) en demi-finales grâce à un but de Yannick Boli, le neveu de Basile. En finale, la meilleure équipe du PSG de la saison domine Lyon, mais Jérôme Alonzo encaisse le seul but de la rencontre, inscrit par Sydney Govou. Des regrets, toujours des regrets...

23
ATAC

LENS, UN CHTI COUP DE MOINS BIEN

Stade Bollaert, samedi 17 mai, dernière journée de L1, 22 h 30. Obligé de l'emporter pour se maintenir, Lens vient d'encaisser un second but de Bordeaux. Sous la pluie, Maoulida et Kovacevic engagent sans conviction. Dix ans après son titre de champion, le club nordiste est relégué en L2. Pour le public le plus sympathique de France, c'est une catastrophe. Les 20 millions d'entrées de « Bienvenue chez les Ch'tis », le film de Dany Boon, ne suffiront pas à le consoler.

GUY ROUX ET JPP, LES ERREURS DE CASTING

En quête d'un entraîneur, le président Gervais Martel convainc Guy Roux, 68 ans, de sortir de sa retraite, et rêve d'un retour au sommet. Pas pour longtemps. Le technicien bourguignon rend son tablier après quatre journées de L1 (deux nuls et deux défaites, dix-huitième), prétextant des problèmes cardiaques. Il est simplement dépassé. Les quatre joueurs recrutés durant l'été (Aubey, Akalé, Kalou, Pieroni), tous choisis par l'ancien gourou auxerrois, s'en iront durant l'hiver. Jean-Pierre Papin, champion de L2 avec Strasbourg, mais dépourvu d'une expérience d'entraîneur parmi l'élite, est appelé à la rescousse. L'ancien Ballon d'Or ne parvient pas à faire décoller son équipe au classement. Gervais Martel le place sous la tutelle de Daniel Leclercq, l'entraîneur du titre de 1998. Les deux hommes cohabitent péniblement, constatent un électrochoc en janvier, mais gèrent mal la dernière ligne droite. Lens est en L2.

SOMMEIL
4
INVICTA
8

RCL

LES CHAMPIONS DE L'INUTILE

Le chemin de croix du RC Lens est émaillé de rares victoires aussi prestigieuses qu'inutiles, apparues comme autant d'accidents de parcours. Le sursaut coïncide avec l'arrivée de trois nouveaux joueurs au mercato d'hiver (Maoulida, Rémy et Belhadj). En janvier, les Nordistes infligent à Lyon sa plus lourde défaite de la saison (0-3) et corrigent Nancy en quarts de finale de la Coupe de la Ligue sur le même score. Février est marqué par deux succès tonitruants en déplacement : 4-1 à Caen en championnat et 5-4 à Sochaux en demi-finales de la Coupe de la Ligue ! Qualifiés pour la finale au Stade de France, les Sang et Or vivent leurs derniers instants de réjouissance. Battus 2-1 suite à un penalty généreusement accordé au PSG, le RC Lens et toute la région du Nord sont insultés par une banderole anti-Chtis déployée dans les tribunes du Stade de France. L'affaire fera grand bruit, mais cela ne suffira pas à empêcher Lens d'aller au purgatoire.

RACING CLUB DE LENS
1
1
STADEFRANCE
AUTHENTIKS
SUPRAS AUTEUIL
LES CHOMEURS CONSANGUINS :
BIENVENUE CHEZ LES CH'TIS
PSG

RC LENS
LYON
RCL
3 - 0
OLYMPIQUE LYONNAIS
OL
44:53

INVICTA
RCL

adidas
CAISSE D'EPARGNE
FFF
CAISSE D'EPARGNE

LA BELLE HISTOIRE DE CARQUEFOU

Carquefou, ville fleurie de 17 000 habitants dans la banlieue de Nantes. Particularité : une équipe de football amateur évoluant en CFA2, équivalent de la cinquième Division, auteur d'un parcours héroïque en Coupe de France. Cette fantastique épopée de onze matches s'est achevée par une courte défaite en quart de finale face au PSG, après de véritables exploits aux tours précédents face aux professionnels de Gueugnon, mais surtout de Nancy et de Marseille, deux des postulants au podium de L1. On est fous de Carquefou !

NANCY ET L'OM AU TAPIS

Invité surprise des 16e de finale de la Coupe, Carquefou réussit l'exploit de s'imposer en prolongation 2-1 face à Nancy, alors troisième de L1, grâce à un but à la 117e minute de Sébastien Le Paih, agent commercial âgé de 33 ans. Au tour suivant, 36 000 supporters venus du grand Ouest affluent au stade de la Beaujoire de Nantes. « Nous avons une chance sur cent mais nous allons la jouer à fond », prévient Denis Renaud, l'entraîneur carquefolien. Idrissa N'Doye, attaquant de 23 ans sans profession, déborde Cédric Carrasso et ouvre le score après six minute et trente-cinq secondes de jeu. Djibril Cissé ne parviendra jamais à tromper la vigilance du défenseur Yohan Mourin (20 ans, chauffagiste) et du gardien Alban Joinel (28 ans, agent immobilier recruté depuis par Lorient). Le score ne changera plus et les bourreaux de l'OM peuvent célébrer leur triomphe toute la nuit.

PITCH
6
CAISSE
D'EPARGNE
SFR
france

CAISSE
D'EPARGNE

CARQUEFOU
Football
08:04
1 - 0

17
SFR

SFR
CAISSE D'EPARGNE

SFR

GNE
SFR

PAULETA MET FIN AU RÊVE

Le stade de la Beaujoire n'avait connu pareille fête qu'avec le FC Nantes en Ligue des champions. Les écharpes vertes et blanches s'arrachent. Ce mercredi 16 avril, un nouvel exploit de Carquefou est possible. D'autant que le PSG, mal en point en championnat, aligne son équipe réserve. Ses joueurs débordés par le courage et l'abnégation du PetitPoucet, Paul Le Guen lancera Pedro Miguel Pauleta au bout de une heure. Le goleador portugais ne fait aucun sentiment et inscrit le but de la victoire sur sa première occasion. À trois minutes de la fin, Jérôme Alonzo évite la prolongation en repoussant sur sa ligne une tête du défenseur Pierre Mauget (23 ans, conseiller commercial), puis un tir à bout portant d'Idrissa N'Doye. Le rêve a pris fin mais il faut vite sécher les larmes. Quatre jours plus tard, il s'agira de ne pas perdre contre Saint-Brieuc pour rester en CFA2.

VIDIC
15
EVRA
3
HARGREAVES
4
MUFC
MUFC
MUFC
MUFC

LE RAZ DE MARÉE ANGLAIS

Plus qu'une domination, on peut parler d'hégémonie. Avec deux représentants en finale de la Ligue des champions, les clubs de la Premier League écrasent la concurrence européenne. Grâce aux droits de télévision les plus élevés au monde – 1,9 milliard d'euros par saison, trois fois plus qu'en France –, le championnat d'Angleterre est le nouvel eldorado des grands joueurs, mais aussi le paradis pour les esthètes, amateurs de buts et d'un football aussi efficace que spectaculaire. Seule ombre au tableau, l'absence de la sélection de Sa Majesté à l'Euro.

MAIN BASSE SUR L'EUROPE

Moscou, capitale anglaise d'un soir. Chez lui, le milliardaire russe Roman Abramovitch espère voir Chelsea, son jouet, battre Manchester United en finale de la Ligue des champions, ce mercredi 21 mai, au stade Loujniki de Moscou. À égalité après les buts de Cristiano Ronaldo et de Frank Lampard, les deux équipes vont en prolongation. Coups durs pour les Blues, Didier Drogba est expulsé et Nicolas Anelka manque la dernière tentative d'une crispante séance de tirs au but (6 à 5). Déjà champion au pays, MU étend sa domination à toute l'Europe. En demi-finales, un but du vétéran Paul Scholes a permis à l'équipe d'Alex Ferguson d'éliminer Barcelone, dernier qualifié non britannique. La mainmise des clubs anglais sur le continent est totale. Avec Liverpool, ils étaient trois dans le dernier carré, quatre en quarts de finale si l'on ajoute Arsenal.

39

AIG

AIG

Carlsberg
Thomas Cook.com
CAPTAIN

LG
Rbk
Fly Emirates

UN CHAMPIONNAT PASSIONNANT

L'intrigue pour l'attribution du titre de champion d'Angleterre est palpitante. Liverpool joue son rôle d'outsider grâce à Fernando Torres, son goleador. Arsenal, emmené par Cesc Fabregas, Emmanuel Adebayor ou Gaël Clichy et Bakari Sagna, élus meilleurs latéraux de Premier League, fait de la résistance. Mais le sprint final oppose encore Chelsea – avec Claude Makelele et Nicolas Anelka – à Manchester United – avec Patrice Evra et Franck Sylvestre. Les deux équipes se rencontrent à deux journées de la fin. Un doublé de Michaël Ballack et un sauvetage sur sa ligne de l'attaquant Andreï Shevchenko permettent aux Blues de rejoindre leur rival en tête du classement à deux journées de la fin. Il était écrit que la formation londonienne, battue en finale de la Coupe de la Ligue par Portsmouth, ne remporterait aucun trophée en 2008. MU s'adjuge son dix-septième titre national, deux points devant Chelsea.

CRISTIANO RONALDO FAIT OUBLIER DAVID BECKHAM

Avant lui, George Best, Éric Cantona et David Beckham avaient porté le numéro 7 avec MU. Meilleur réalisateur du championnat avec trente et un buts (quarante et un toutes compétitions confondues), élu meilleur joueur de la Premier League, Cristiano Ronaldo a fait honneur au numéro fétiche des Red Devils. En finale de la Ligue des champions, du but sans pareil, l'attaquant portugais de 23 ans s'occupe même de la mise en scène : il ouvre le score, puis manque son tir au but et s'effondre en larmes une fois la victoire en poche. Le succès du bellâtre, comme les photos dénudées de l'Espagnole Nereida Gallardo, son amie, déchaînent la passion des journaux people. Il agite aussi le marché des transferts. Malgré son élimination en quarts de finale de l'Euro avec le Portugal, il intéresse le Real Madrid et menace de chiper à Zinédine Zidane (77 millions d'euros en 2001) le record du transfert le plus cher de l'histoire.

AIG

J. COLE
10

L'AVENIR LEUR APPARTIENT

Ils sont à peine majeurs et déchaînent déjà les passions. La nouvelle vague du football mondial est en route. Chef de file, Alexandre Rodrigues Da Silva, dit Pato, « canard en portugais », le dernier bijou brésilien du Milan AC, réussit une première saison de feu dans le monde professionnel à seulement 18 ans. Redoutable finisseur, il marque dès sa première titularisation avec le club lombard, tout comme lors de ses débuts avec la Seleção. Ronaldo ne sait pas s'il rejouera au football ? Les champions du monde 1998 encore en activité arrivent au bout de l'aventure ? Peu importe, la relève est déjà prête.

UNE CLASSE BIBERON EN OR

Dans le sillage de Pato, le Calcio a lancé d'autres stars en herbe. Alberto Paloschi, 18 ans, a fêté ses débuts avec le Milan AC en marquant dix-huit secondes après son entrée en jeu. L'attaquant d'origine ghanéenne Mario Balotelli, 17 ans, est un protagoniste du titre de champion d'Italie de l'Inter Milan. En Espagne, Bojan Krkic, 17 ans et auteur d'un doublé en Liga contre Valence, mène la vie dure aux vedettes du FC Barcelone, dont Thierry Henry. En Angleterre, l'attaquant d'Arsenal, Théo Walcott n'avait que 17 ans lorsqu'il a participé au Mondial 2006. Arsène Wenger, manager des Gunners et dénicheur de talents, a également lancé l'Espagnol Fran Mérida, 18 ans, comparé à Cesc Fabregas, et couve Like Freeman, buteur prometteur de 15 ans. En Allemagne, le Bayern Munich a déboursé 14 millions d'euros pour Breno, 18 ans, présenté comme le Beckenbauer brésilien.

uefa

LA FRANCE PEUT VOIR VENIR

En Ligue 1 ou en sélection, le football français possède lui aussi ses pépites. Principal fournisseur, l'Olympique lyonnais a déjà livré Karim Benzema, 20 ans, et Hatem Ben Arfa, 21 ans, candidats affirmés aux Coupes du monde 2010 et 2014. Tout comme leur copain Samir Nasri, 20 ans, passé de l'OM à Arsenal. Derrière les trois champions d'Europe des moins de 17 ans en 2004, l'attaquant bordelais Gabriel Obertan, 19 ans, doit confirmer les promesses de ses 26 apparitions en L1. Unique lueur du FC Metz, le milieu bosniaque Miralem Pjanic, 17 ans, est promis à un grand avenir. Lyon n'a pas manqué l'opportunité de recruter le joyau. Le septuple champion de France s'est aussi offert le gardien niçois Hugo Loris, prochain concurrent en équipe de France de Steve Mandanda, 21 ans. La génération suivante ? Elle arrive, emmenée par le défenseur havrais Gueida Fofana, capitaine des Bleuets finalistes de l'Euro 2008 des moins de 17 ans et pisté par les grands clubs européens.

KIA

Moselle
15

NOVOTEL

LLORIS
1
NOVOTEL

n9uf

AIG

365 JOURS EN BALLON

De juillet 2007, avec les débuts époustouflants de Franck Ribéry au Bayern Munich, à juin 2008, qui voit l'Espagne dominer l'Euro, ces douze moi ont récompensé les audacieux. Il s'est passé bien d'autres choses lors de cette période, de l'élimination de Toulouse au tour préliminaire de la Ligue des champions face à Liverpool à la découverte d'une anomalie cardiaque chez Lilian Thuram par les médecins du PSG, du voya tourmenté de l'équipe de France aux Îles Féroé à la fin de carrière chaotique du Brésilien Ronaldo

1er Owen Hargreaves, 26 ans, quitte le Bayern Munich et s'engage pour quatre saisons avec Manchester United. L'indemnité de transfert du milieu offensif avoisine les 25 millions d'euros.

3 Deux jours après le départ de Julien Faubert pour West Ham, Rio Mavuba quitte les Girondins pour Villareal. L'équipe entraînée par Laurent Blanc récupère au même moment le défenseur lillois Mathieu Chalmé.

4 En quête d'un latéral gauche pour palier le départ d'Éric Abidal à Barcelone, le club sextuple champion de France s'entend avec l'Inter Milan pour recruter le défenseur Fabio Grosso, auteur du tir au but victorieux en finale de la Coupe du monde 2006 contre les Bleus.

6 Marseille fait coup double. L'OM convertit le prêt de Djibril Cissé en un transfert ferme pour 8 millions d'euros et s'offre en prime Boudewijn Zenden, le milieu offensif international néerlandais des Reds.

« J'ai eu des offres à plus du double de mon salaire de l'OM, et je suis resté. » Djibril Cissé.

Soucieux de vendre au plus offrant, Jean-Michel Aulas est ravi de voir arriver une offre de 18,5 millions d'euros émanant du Real Madrid pour Florent Malouda. Mais Chelsea propose un peu plus de 20 millions d'euros, et ajoute le Guyanais à sa brochette d'internationaux.

7 Premier match amical de la saison, et victoire de l'OM sur Bordeaux (3-2). Mamadou Niang et Geraldo Wendel ont inscrit un doublé chacun. Le but de la victoire phocéenne est signé Samir Nasri, évacué sur une civière en fin de rencontre en raison d'une entorse à la cheville droite.

10 L'Auxerrois Bakari Sagna, élu meilleur latéral droit de L1 en 2006-2007, passe sa visite médicale à Londres avant de s'engager pour cinq ans avec Arsenal.

11 La commission juridique de la LFP voulait empêcher Guy Roux d'entraîner Lens sous prétexte qu'il avait plus de 65 ans. Mais, à 68 ans, le célèbre technicien bourguignon a obtenu gain de cause après conciliation auprès du Comité international olympique et sportif français.

14 Affiche de rêve en finale de la Copa America. Au Venezuela, les Brésiliens sont privés de Ronaldo, de Ronaldinho, de Kaká et d'Adriano, mais réussissent à s'imposer largement (3-0).

15 Henry refait sa vie. Quatre ans après s'être marié, Thierry Henry annonce qu'il va divorcer. Trois semaines plus tôt, il avait mis un terme à son histoire d'amour longue de huit saisons avec Arsenal pour rejoindre le FC Barcelone.

16 Accord conclu entre le FC Barcelone et l'AS Roma : Ludovic Giuly, 31 ans, va quitter l'Espagne pour l'Italie, moyennant une indemnité de transfert de 4 millions d'euros pour un contrat de trois ans.

18 Le Brésil sur le toit du monde. Grâce à sa victoire dans la Copa America, l'équipe auriverde s'empare de la première place du classement mondial des nations, devant l'Argentine, l'Italie et la France.

Manchester United s'est mis d'accord avec l'attaquant argentin Carlos Tevez, mais West Ham, son club, s'oppose à son départ. Les Red Devils demandent l'arbitrage de la Fifa.

19 Faubert, la tuile. Tout juste acheté 9 millions d'euros à Bordeaux par West Ham, Julien Faubert se rompt le tendon d'Achille. Son indisponibilité est d'au moins six mois.

20 Alou Diarra est bordelais. Accord conclu entre Lyon et Bordeaux pour le milieu défensif international, qui signe pour quatre ans avec les Girondins. L'indemnité de transfert flirte avec les 8 millions d'euros, plus un bonus de 5 millions d'euros en cas de qualification en Ligue des champions.

21 Bolton ouvre la porte à Anelka. À l'étroit dans une équipe tout juste taillée pour jouer le maintien, Nicolas Anelka obtient un bon de sortie de son entraîneur, Sammy Lee : « Si une équipe participant à la Ligue des champions exprime son intérêt pour Nicolas, ce ne serait pas correct de me placer en travers de son chemin. »

Les Bavarois déjà fans de Ribéry. Premier match officiel avec le Bayern Munich et déjà un numéro hors norme pour Franck Ribéry : deux buts et une passe décisive en quart de finale de la Coupe de la Ligue face au Werder Brême (4-1).

23 Bras de fer gagnant pour Zoumana Camara. Retenu contre sa volonté à Saint-Étienne, sollicité par le PSG pour remplacer le Tchèque David Rozehnal, il obtient gain de cause et s'engage pour quatre ans avec le club de la capitale. Montant de l'opération : 6 millions d'euros.

Mandanda voit le soleil. Steve Mandanda, gardien de but de l'équipe de France espoirs et du Havre (L2), est prêté pour un an avec option d'achat à l'OM.

25 Franckie la mitraille. Quatre jours après son premier doublé avec le Bayern, le feu follet français ouvre le score face à Stuttgart (2-0) d'un tir du gauche des vingt mètres et envoie l'équipe bavaroise en finale de la Coupe de la Ligue allemande.

Kalou retrouve le père. Sollicité par Guy Roux à Lens, Bonaventure Kalou s'engage dans le Pas-de-Calais pour trois saisons et quitte le PSG sans regret.

26 Rothen, le choix du cœur. L'alléchante proposition sportive et financière de Lyon n'a pas réussi à convaincre Jérôme Rothen de quitter le PSG, avec qui le milieu gauche prolonge de trois ans, jusqu'en 2011.

Premier but de Thierry Henry avec le FC Barcelone. L'attaquant tricolore reprend un penalty qu'il a lui-même tiré et offre la victoire aux siens en amical contre les Écossais de Dundee (1-0).

28 Un de plus pour l'OL. Face à Sochaux, tenant de la Coupe de France, Lyon remporte le trophée des champions pour la sixième fois consécutive (2-1).

Lens fait son chemin. Vainqueur des Ukrainiens d'Odessa en Intertoto (3-1), Lens est qualifié pour le deuxième tour préliminaire de la Coupe de l'UEFA.

29 Historique pour l'Irak. Vainqueur contre l'Arabie saoudite en finale de la Coupe d'Asie des nations, l'Irak s'offre son premier titre majeur.

1er Malaise à l'OL. Contacté par Rennes mais bloqué par le président Jean-Michel Aulas qui fait grimper les enchères et lui reproche des écarts de conduite, Sylvain Wiltord ne prend pas part à la photo officielle du sextuple champion de France et s'entraîne à l'écart, prétextant des « troubles digestifs ». Le même jour, l'attaquant brésilien Fred rentre d'un séjour prolongé dans son pays où il a soigné une fracture au pied. À peine sur le sol français, le joueur borduré par l'émergence de Benzema n'exclut pas de changer de couleurs.

Alessandro Nesta annonce qu'il met un terme à sa carrière internationale, après trois Mondiaux et 78 sélections.

2 Faux départ pour Coupet. À trois jours de l'ouverture du championnat de L1, le gardien de l'OL et de l'équipe de France se blesse lourdement au genou à l'entraînement. Verdict : rupture du ligament latéral interne gauche, lésion du croisé postérieur et quatre mois d'indisponibilité. Rémy Vercoutre devra assurer le début de saison dans le but lyonnais, Mickaël Landreau dans celui de l'équipe de France.

3 Une montagne face à Toulouse. Le tirage au sort du 3e tour préliminaire de la Ligue des champions désigne Liverpool comme adversaire du club de la Ville Rose.

4 Baptême réussi pour Laurent Blanc. Pour son premier match de championnat en tant qu'entraîneur, le nouveau patron sportif de Bordeaux apprécie la victoire de son équipe sur Lens (1-0). Vainqueur à Rennes lors de cette première journée (2-0), Nancy affiche d'entrée de grandes ambitions.

7 Le retour des A'. Souhaitant voir évoluer un maximum de joueurs avant d'établir sa liste de 23 pour l'Euro 2008, Raymond Domenech remet l'équipe de France A' au goût du jour.

9 Charles Itandje pour quatre ans à Liverpool ! Mal en point depuis l'arrivée de Runje à Lens, le gardien de but accepte une place sur un banc autrement plus reluisant et devient la doublure de Reina.

11 Lyon se fait peur. Dès la deuxième journée de L1, l'OL concède sa première défaite de la saison en s'inclinant 1-0 à Toulouse. Ce revers s'accompagne d'un autre blessé de marque après Coupet : Cris, patron de la défense lyonnaise, est touché au genou droit et out pour six mois.

Buteur dès le premier match de la saison avec Bolton en Premier League, battu 3-1 à domicile par Newcastle, Nicolas Anelka fait savoir qu'il veut partir et disputer la Ligue des champions.

15 Pas de miracle à Toulouse où Liverpool vient s'imposer 1-0 en match aller du 3e tour préliminaire de la Ligue des champions. En L1, Le Mans prend la tête du classement en remportant à Bordeaux sa troisième victoire en trois matchs (2-1). Étrillé par Lorient au Parc des Princes, le PSG est déjà 17e.

18 Nouvelle défaite pour Lyon, battu 2-1 à Lorient en championnat. Bodmer, Keita et Grosso, pourtant champions du monde avec l'Italie en 2006, ne sont pas au niveau espéré.

19 Rien ne va plus à Marseille, rejoint au score par Nancy au Vélodrome (2-2) après avoir mené 2-0. Après quatre journées de L1, les Phocéens n'ont toujours pas gagné un match.

20 Touché aux adducteurs la veille en Premier League avec Arsenal contre Blackburn, William Gallas est indisponible pour six semaines et doit déclarer forfait pour les deux prochains matchs de l'équipe de France dans les éliminatoires pour l'Euro 2008, contre l'Écosse au Parc des Princes et l'Italie à Milan.

21 En match amical, l'équipe de France A' emmenée par David Trezeguet s'incline en Slovaquie 1-0 .

22 Henry tout proche de Platini. Auteur de son 40e but en équipe de France lors de la victoire des Bleus en amical en Slovaquie (1-0), l'attaquant tricolore n'est plus qu'à une unité de l'ancien numéro 10.

Fin du feuilleton Wiltord. L'attaquant lyonnais signe deux ans avec une année optionnelle à Rennes, le club de ses débuts.

25 À bout de souffle. Guy Roux jette l'éponge. Appelé au chevet du RC Lens à l'intersaison, l'ancien entraîneur d'Auxerre, âgé de 68 ans, reconnaît ne plus avoir l'énergie pour diriger une équipe professionnelle après la défaite des Sang et Or à Strasbourg (2-1). Jean-Pierre Papin lui succède sur le banc.

« Je vais aller faire les vendages. »
Guy Roux.

27 Sanction prévisible. L'UEFA suspend Raymond Domenech pour un match suite à ses propos tenu dans le « Parisien »-« Aujourd'hui en France » sur les matches arrangés en Italie. Le sélectionneur des Bleus purgera cette sanction… contre l'Italie le 8 septembre.

28 Toulouse, un petit tour et puis s'en va. Liverpool confirme contre Toulouse et s'impose à Anfield 4-0 au match retour du 3e tour préliminaire de la Ligue des champions. Le club de la Ville Rose disputera la Coupe de l'UEFA.

29 Paris décolle. Près de un mois après le début du championnat, le PSG remporte sa première rencontre en L1 en s'imposant 2-1 au Mans. Difficiles à cerner, les Parisiens semblent aussi bons à l'extérieur qu'ils sont mauvais à domicile.

31 Kluivert, le revenant. Libre depuis le mois de mai, Patrick Kluivert, 31 ans, s'engage à Lille dans les dernières heures du mercato. Un pari risqué tant l'ancien attaquant vedette des Pays-Bas (40 buts en 79 sélections) n'est plus que l'ombre de ce qu'il a été.

1er Benzema pichichi. Benzema prend la tête du classement des buteurs de L1 avec cinq réalisations en six matchs, après la victoire de Lyon face au Mans (3-2).

Saha, retour gagnant. Éloigné des terrains depuis trois mois après une opération du genou, Louis Saha signe son retour à la compétition en inscrivant le but de la victoire de Manchester United sur Sunderland (1-0).

2 Le sommet de la médiocrité. Sous les yeux de Nicolas Sarkozy, le PSG et l'OM ne parviennent pas à se départager (1-1). Les deux grands rivaux du football français s'enlisent dans la seconde moitié du classement de L1.

3 Anelka rêve du PSG. À cinq jours du match de l'équipe de France en Italie dans le cadre des éliminatoires de l'Euro 2008, Nicolas Anelka se fait nostalgique : « J'aimerais bien rejouer un jour au PSG. »

« Me gérer ? Je n'y arrive pas. » Franck Ribéry.

6 Zizou se trompe de camp. À la veille du match d'ouverture de la Coupe du monde de rugby, Zinédine Zidane soutient officiellement la Nouvelle-Zélande et non l'équipe de France. Il faut dire que Zizou est sous contrat avec le même équipementier que les All Blacks, concurrent de celui des Bleus.

Même blessé, on s'arrache Samuel Eto'o. Indisponible trois mois, le buteur camerounais est espéré par sa sélection nationale en vue de la Coupe d'Afrique des nations, mais Joan Laporta, le président de son club, souhaite qu'il rejoue en priorité avec Barcelone.

8 Henry va manquer aux Bleus. Avec un Claude Makelele des grands soirs, l'équipe de France ramène un bon match nul d'Italie en éliminatoire de l'Euro. Averti une fois de trop, Thierry Henry est suspendu pour la réception de l'Écosse quatre jours plus tard.

9 L'Algérie n'ira pas à la CAN. Battue en Gambie (2-1), l'Algérie est éliminée de la course à la CAN 2008.

11 Domenech relance Trezeguet. Pour palier la suspension de Thierry Henry face à l'Écosse, Raymond Domenech décide au cours de la dernière mise en place tactique de titulariser David Trezeguet à la pointe de l'attaque de l'équipe de France pour la première fois depuis le mois de février et une défaite en amical face à l'Argentine. Un événement, tant les relations entre le coach des Bleus et le buteur de la Juventus Turin sont glaciales.

12 La bourde de Landreau. Pour son premier match au Parc des Princes depuis dix ans, l'équipe de France gâche ses retrouvailles avec le stade parisien en s'inclinant 1-0 face à l'Écosse dans le cadre des éliminatoires de l'Euro 2008. À l'origine de cette défaite, une bourde de Mickaël Landreau qui met les Bleus dans l'obligation de remporter leurs trois derniers matchs éliminatoires s'ils veulent participer à l'Euro.

« C'est une catastrophe. » Lilian Thuram.

13 Le G14 se sent à l'étroit. Le groupement des 18 clubs les plus riches d'Europe décide de s'élargir à 40 clubs afin de peser davantage face à l'UEFA dans les négociations à venir, notamment la réforme souhaitée par Michel Platini de limiter à deux le nombre de représentants par pays participant à la Ligue des champions.

14 Ricardo nostalgique. Deux jours avant de recevoir le PSG, avec qui il a remporté le titre de champion de France comme joueur en 1994, Ricardo, désormais entraîneur de Monaco, regrette de constater que ses anciennes couleurs ne brillent plus du même éclat : « Le PSG est un grand club, pas une grande équipe. »

Houllier DTN. Quatre mois après avoir quitté Lyon sur un titre de champion de France, Gérard Houllier revient aux affaires et se voit nommer directeur technique national de la Fédération française de football.

15 Benzema puissance 3. Choc des extrêmes à Saint-Symphorien : Lyon étrille Metz 5-1, notamment grâce à un triplé de Karim Benzema. Difficile d'imaginer que ces deux équipes évoluent dans le même championnat tant la différence de niveau est énorme.

Folle jeunesse londonienne. Vainqueur à Tottenham avec un doublé d'Emmanuel Adebayor (3-1), Arsenal profite du faux pas de Liverpool à Portsmouth (0-0), pour prendre la tête de la Premier League.

16 Paris, le monde à l'envers. Incapable de s'imposer au Parc des Princes, le PSG va l'emporter à Monaco (2-1) et signe sa deuxième victoire de la saison, toutes acquises à l'extérieur.

17 Nantes déjà en tête de la L1. Vainqueurs de Sedan (2-1), les hommes de Michel Der Zakarian prennent la tête du classement de L2 et se positionnent en candidats n°1 à la montée en L1, ambition affichée par le nouveau propriétaire.

18 « Ouf ! » à l'OM. Pour son premier match de Ligue des champions de la saison, Marseille prend le dessus sur Besiktas (2-0). Menacé après le mauvais début de saison de son équipe en championnat, l'entraîneur Albert Emon obtient un peu de répit et se trouve assuré de rester... jusqu'au week-end suivant.

19 Lyon prend l'eau à Barcelone. Jean-Michel Aulas rêvait de rivaliser avec les meilleurs clubs européens, il lui faudra attendre. En déplacement à Barcelone pour ses débuts en Ligue des champions, l'OL prend le bouillon (3-0).

« Le ballon nous a été confisqué. » Juninho.

Frayeur lensoise. Rapidement mené au score à Bollaert par le FC Copenhague lors du 1er tour aller de la Coupe de l'UEFA, le RC Lens de Jean-Pierre Papin égalise in extremis par Aruna, deux minutes après l'entrée en jeu de ce dernier (1-1).

20 Mourinho viré de Chelsea. Roman Abramovitch, le milliardaire russe propriétaire de Chelsea, ne rigole pas. Une défaite et deux nuls en trois matchs des Blues ont suffis à le convaincre de changer d'entraîneur. Le portugais José Mourinho est débarqué et cède sa place à Avram Grant, ancien sélectionneur de l'équipe d'Israël.

21 Les ligues européennes contre Platini. Dans un communiqué, les ligues européennes de football font savoir qu'elles s'opposent au projet de révision de la Ligue des champions voulu par Michel Platini, président de l'UEFA. L'ancien du « carré magique » souhaite notamment que les vainqueurs des coupes nationales intègrent la plus prestigieuse des compétitions continentales.

22 Hadji, la tête dans les étoiles. Un doublé de Youssouf Hadji suffit à Nancy pour battre Lorient (2-0) et conforter sa place de leader de la L1.

23 Et de 100 pour Trezeguet. Auteur du premier but de la Juventus Turin au Stade olympique face à la Roma (2-2), l'avant-centre des Bleus atteint le cap symbolique des 100 buts inscrits pour la Vieille Dame en 155 matchs de serie A.

Triste record. Battu par Bordeaux au Parc des Princes (2-0), le PSG, pour la première fois de son histoire, n'a remporté aucun de ses cinq premiers matchs à domicile.

24 Canal+ compte ses sous. Vivendi, la maison mère de Canal+, fait savoir que la chaîne cryptée ne renouvellera pas son offre de 600 millions d'euros par an, en novembre, au moment de la renégociation des droits télé de la L1.

« Avant les renégociations des droits de la L1, chacun montre ses muscles. » Frédéric Thiriez.

25 Un nouveau sorcier belge à Marseille. L'information filtre tard dans la soirée. Albert Emon, qui a encore dirigé la séance du matin à la Commanderie, va céder sa place d'entraîneur de l'OM au Belge Éric Gerets. La nationalité du nouveau technicien phocéen n'est pas sans rappeler son compatriote Raymond Goethals, surnommé « le sorcier belge » après la victoire de Marseille en finale de la Ligue des champions 1993.

26 La surprise à Amiens. Unique club de L2 à éliminer une formation de l'élite lors des 16es de finale de la Coupe de la Ligue, Amiens s'offre Strasbourg à la Meinau (0-2).

«Je ne suis pas un tyran, mais j'exige le respect du jeu collectif. Ceux qui ne comprendront pas cela auront des problèmes. » Éric Gerets.

27 Monaco se rassure. Après trois défaites consécutives en championnat, l'équipe de la principauté arrache sa qualification pour les 8es de finale de la Coupe de la Ligue en s'imposant à la Beaujoire face à Nantes (3-2). Les Canaris menaient pourtant 2-0 à la mi-temps.

29 Lyon reprend le pouvoir. En match en retard de la 3e journée de la L1, l'OL dispose facilement de Lens (3-0) et reprend la tête du championnat devant Nancy, au bénéfice d'une meilleure attaque.

Soirée noire pour Giuly. Héros malheureux du choc italien entre l'AS Roma et l'Inter Milan (1-4), le Français commet une main dans sa surface, est expulsé à la demi-heure de jeu et provoque un penalty. Il y a des soirs où il serait préférable de rester couché.

Ça, c'est Henry ! Auteur d'un triplé pour le Barça, vainqueur à Levante (4-1), l'attaquant français fait la joie des médias espagnols qui ne comprennent pas que leur recrue la plus chère de l'été n'évolue pas à ce niveau à chaque match.

30 Une pression pour Ribéry. Paré de la tenue traditionnelle bavaroise – une culotte de velours à bretelles –, Franck Ribéry célèbre sa passe décisive pour Luca Toni, synonyme de victoire du Bayern Munich à Leverkusen (0-1), en trinquant, une chope de un litre à la main lors de la Fête de la bière.

2 L'OL est en plein naufrage. Deux semaines après la gifle reçue à Barcelone (3-0), le champion de France s'incline sur le même score, cette fois à domicile face aux Glasgow Rangers. Difficile d'imaginer plus mauvais départ en Ligue des champions. Conséquence, le cours de l'action de l'OL groupe chute de 5 %.

À la veille de recevoir l'OM en Ligue des champions avec Liverpool, Steven Gerrard se rend à l'hôpital au chevet d'un enfant de 10 ans qu'il a heurté la veille en voiture. Pour aider le jeune garçon à supporter sa fracture tibia-péroné, le capitaine des Reds lui offre un maillot de l'équipe d'Angleterre et une paire de crampons.

Francis Borelli s'éteint. Il incarnait les premières années glorieuses du PSG, les premiers titres du club de la capitale (Coupes de France 1982 et 1983, championnat 1986). Président du PSG de 1978 à 1991, Francis Borelli décède à 75 ans des suites d'une longue maladie. Ce publiciste bon vivant restera célèbre pour son inséparable sacoche marron et son baiser à la pelouse du Parc des Princes après la renversante victoire de son équipe aux tirs au but contre Saint-Étienne en finale de la Coupe de France 1982. Adieu, Francis.

3 Le grand soir de Valbuena. Exploit en Ligue des champions de l'OM, vainqueur 1-0 à Anfield, le stade de Liverpool. L'unique but de la rencontre est l'œuvre de Mathieu Valbuena, une frappe brossée du droit qui loge le ballon dans la lucarne de Reina.

« Mes joueurs ont écrit l'histoire, je suis plutôt fier d'eux. » Éric Gerets.

4 Trois sur cinq en UEFA. Un coup de tête de Gignac à la 6e minute du temps additionnel de la seconde période sur la pelouse du CSKA Sofia permet à Toulouse de franchir sur le fil le cap du premier tour de la Coupe de l'UEFA. Bordeaux et Rennes sont également reçus à l'examen. En revanche, Lens et Sochaux passent à la trappe.

Domenech zappe Trezeguet. La liste des 23 joueurs retenus par le sélectionneur de l'équipe de France pour aller défier les Îles Féroé et recevoir la Lituanie compte sept attaquants. Normal, les Bleus sont obligés de gagner pour accéder à la phase finale de l'Euro 2008. Difficile, dans ce contexte, de comprendre l'absence de David Trezeguet, certes pas très bon lors de la défaite contre l'Écosse au Parc des Princes, mais tout de même meilleur buteur en Italie.

5 Kaká, le sacre. Un artiste brésilien en chasse un autre. Un an après Ronaldinho, Kaká, le phénomène du Milan AC, est élu joueur de l'année par la Fifpro, le syndicat mondial des joueurs.

6 Sale temps pour les riches. Respectivement 2e et 3e budgets des clubs français après Lyon, Marseille (19e) chute à Saint-Étienne, et le PSG (14e) craque au Parc contre Rennes.

« La situation est grave mais Paul Le Guen a toute ma confiance. » Alain Cayzac.

7 Une réplique de champion. Ses déboires en Ligue des champions n'empêchent pas l'OL de réussir le plus joli coup de cette 10e journée de Ligue, une victoire 3-1 à Bordeaux qui lui permet de rester en tête du classement, sous la menace de Nancy, vainqueur deux jours plus tôt à Monaco sur le même score.

« Je travaille pour être le meilleur. » Mickaël Landreau.

9 Saha, un petit tour et puis s'en va. Au premier jour du rassemblement de l'équipe de France avant ses deux matchs de qualification pour l'Euro 2008, Louis Saha vient faire constater sa blessure au genou à Clairefontaine et repart le jour même à Manchester se faire soigner. L'attaquant des Red Devils est remplacé par Hatem Ben Arfa, initialement retenu avec les espoirs.

12 Le voyage infernal. Le vol de l'équipe de France vers les Îles Féroé tourne au cauchemar. Des conditions météo épouvantables et un épais brouillard ne permettent pas à leur avion de se poser. Une escale de une nuit en Norvège est improvisée, après plusieurs tentatives infructueuses d'atterrissage.

13 Des frayeurs et une raclée. Un atterrissage périlleux réussi quatre heure avant le coup d'envoi de la rencontre n'empêche pas l'équipe de France de faire respecter la hiérarchie face aux Îles Féroé (0-6), avec un doublé de Benzema et un coup franc victorieux de Rothen, magnifique de précision. Le soir, le brouillard empêche à nouveau l'avion des tricolores de quitter Tórshavn et les Bleus dorment sur place. La nuit est douce, car ce large succès permet aux Français de repasser devant l'Italie au classement du groupe B.

« C'était la galère. » Raymond Domenech.

15 Le racisme coûte un point. Pour sanctionner les propos racistes proférés par des supporters bastiais à l'encontre de Boubacar Kébé, l'attaquant burkinabé de Libourne-Saint-Seurin, la commission de discipline de la LFP retire un point au club corse en L2. Une première en France, ce qui pousse les dirigeants du Sporting à faire appel.

17 Henry dépasse Platini. Auteur d'un doublé, Thierry Henry devient meilleur réalisateur de l'histoire de l'équipe de France avec 43 réalisations en sélection. C'est la première titularisation de Karim Benzema en équipe de France lors de la victoire des Bleus en match de qualification pour l'Euro 2008, à Nantes, face à la Lituanie (2-0). Les joueurs de Raymond profitent de la surprenante défaite de l'Écosse en Géorgie (2-0) pour repasser en tête du groupe B.

« C'est bien de dépasser un joueur comme Michel Platini mais ce serait bien d'aller à l'Euro aussi. »
Thierry Henry.

Soulagement à Marseille. Dans le procès en appel des transferts suspects de l'OM entre 1997 et 1999, Rolland Courbis et Robert Louis-Dreyfus voient leurs peines de première instance allégées. Le technicien est autorisé à poursuivre son activité d'entraîneur, mais écope de deux ans de prison ferme et 200 000 euros d'amende. Il se pourvoira en cassation deux jours plus tard pour être sûr de terminer la saison de L2 avec Montpellier. Le propriétaire du club phocéen est quasi blanchi, avec dix mois de prison avec sursis et 200 000 euros d'amende. Une misère, au regard des 200 millions d'euros injectés en pure perte depuis sa prise de pouvoir.

20 Vieira de retour. Après avoir été blessé, Patrick Vieira effectue sa première apparition de la saison avec l'Inter Milan, vainqueur 1-0 sur le terrain de la Reggina.

Coup de jeune au PSG. Agacé par ses cadres, Le Guen laisse Pauleta, Mendy, Luyindula et Frau sur le banc pour lancer Sakho – le plus jeune capitaine du PSG à seulement 17 ans – et ses potes tout juste majeurs Ngoyi, Sankharé, Arnaud et Ngog. La classe biberon parisienne ramène un bon match nul de Valenciennes.

21 Soulagement à Marseille. Un but de Zenden contre Lens (1-0) suffit à l'OM pour s'offrir sa première victoire de la saison au Stade Vélodrome et sortir de la zone de relégation.

22 La Ligue peut voir venir. Un décret fait passer de trois ans à quatre ans la durée du contrat de diffusion du championnat de L1. Une avancée qui va dans le sens de ce qu'espérait la LFP afin que les clubs puissent savoir longtemps à l'avance sur quelle manne financière tabler.

23 La tornade Arsenal. Lors de la 3e journée de phase de poule de la Ligue des champions, Arsenal ne fait pas dans le détail face aux Tchèques du Slavia Prague : 7-0 !

Lyon remonte la pente. Après ses deux gros revers initiaux en Ligue des champions, Lyon rattrape une partie de son retard en allant s'imposer 2-0 à Stuttgart.

« On n'est pas morts. »
Alain Perrin.

Vieira, la poisse. L'Inter Milan s'impose à Moscou (2-1) mais perd à nouveau Patrick Vieira. Tout juste revenu de blessure, le capitaine de l'équipe de France se blesse à la jambe droite et doit sortir dès la 17e minute.

24 L'OM marque le pas. Premier faux pas en Ligue des champions des Phocéens. Tenu en échec par Porto au Vélodrome (1-1), Marseille conserve tout de même la tête du groupe. En queue de peloton, on retrouve Liverpool, battu à Besiktas (2-1), avec un seul point en trois matchs. Les Reds vont avoir l'occasion de confirmer qu'ils sont les spécialistes des remontées impossibles.

Chaises musicales irlandaises. Pour ne pas avoir réussi à qualifier l'Eire pour l'Euro 2008, le sélectionneur irlandais Stephen Staunton démissionne. Don Givens, sélectionneur des espoirs, le remplacera, face au pays de Galles, pour un dernier match de qualification sans enjeu.

25 Renversants Girondins. Menés 1-0 à la mi-temps par Galatasaray, Bordeaux finit par remporter son premier match de poule en Coupe de l'UEFA (2-1). Un coup dans l'eau pour Toulouse et Rennes battus 1-0 à l'extérieur, respectivement à Leverkusen et à Bâle.

26 Benzema galactico ? Marca, le quotidien sportif espagnol, affirme que le Real Madrid fait de Karim Benzema sa priorité absolue.

27 Dhorasoo, rebelle jusqu'au bout. Un an après avoir été limogé du PSG, Vikash Dhorasoo rejoue une partition bien connue dans la capitale : il refuse de jouer avec l'équipe réserve de Livourne (L1 italienne), avec qui il s'est engagé au mois de juillet. Absent à l'entraînement, il risque de voir son contrat résilié.

28 Chelsea sans merci. Déjà buteur quelques jours plus tôt en Ligue des champions, Didier Drogba inscrit un doublé qui contribue au large succès de Chelsea contre Manchester City (6-0).

« Didier Drogba est le meilleur joueur du monde. »
Frank Lampard.

30 Brasil ! Seul candidat en lice, le Brésil est désigné pays organisateur de la Coupe du monde 2014.

31 Entre clubs de l'élite. Montpellier, Amiens et Niort, les derniers clubs de L2 encore en compétition en Coupe de la Ligue au stade de 8es de finale, sont tous éliminés. Restent en course Lyon, Valenciennes, Paris, Lens, Auxerre, Marseille, Le Mans et Nancy.

1er Baros explose le compteur. À défaut de marquer des buts, Milan Baros devient l'attaquant le plus rapide de France. Au volant de sa Ferrari, le joueur tchèque de Lyon a été chronométré sur autoroute à 271 km/h au lieu des 130 km/h autorisés. Les gendarmes de l'Ain, où la performance a été établie, ont homologué le record de vitesse du département. Bien évidemment, le pilote s'est vu retirer son permis de conduire.

« Franck Ribéry fait preuve d'une créativité digne d'une partition de musique. »
Franz Beckenbauer.

3 Platini fête Nancy. Pour ses 40 ans, l'AS Nancy-Lorraine reçoit Bordeaux et accueille dans les tribunes ses anciennes gloires, dont Michel Platini, l'enfant du pays. L'équipe lorraine a le bon goût de l'emporter 1-0.

Gallas, ce héros. Mené à domicile 2-1 par Manchester United à quelques secondes du terme, Arsenal arrache le match nul (2-2) dans cette rencontre au sommet de la Premier League grâce à un but de William Gallas inscrit à bout portant, juste avant le coup de sifflet final. Gunners et Red Devils restent coleaders du championnat anglais.

4 Attention au réveil lensois. Menés 2-0 par Saint-Étienne jusqu'à l'heure de jeu, l'équipe nordiste, poussée par un stade Bollaert surchauffé, refait son retard en vingt minutes et finit par l'emporter 3-2.

6 L'OM n'y arrive pas. Première défaite en quatre matchs de Ligue des champions pour Marseille, battu à Porto (2-1) malgré un but de Niang. L'équipe phocéenne reste en position de qualifiable mais voit Liverpool, que l'on croyait condamné, revenir dangereusement sur ses talons.

« Certains n'ont pas le rendement espéré. »
José Anigo.

7 Lyon revient dans la course. Deuxième victoire en quinze jours sur Stuttgart pour l'OL (4-2), avec un doublé d'Hatem Ben Arfa et un penalty arrêté par Rémy Vercoutre à un moment où les Allemands pouvaient égaliser. Les hommes d'Alain Perrin restent troisièmes du groupe E, mais ne comptent plus que un point de retard sur les Glasgow Rangers, battus 2-0 à Barcelone (buts d'Henry et de Messi).

8 Toujours pas de Trezeguet. En dévoilant la liste des joueurs retenus pour affronter le Maroc en amical, puis l'Ukraine dans le cadre des éliminatoires de l'Euro 2008, Raymond Domenech confirme les jeunes (Benzema, Ben Arfa, Nasri, Lassana Diarra...), mais s'obstine à ne pas prendre Trezeguet.

Pour tous les goûts. En Coupe de l'UEFA, Bordeaux conserve la tête du groupe H après sa victoire à Vienne (2-1), Rennes arrache le match nul face à Bergen (1-1) et se trouve en dernière position du groupe D. À l'arrêt, Toulouse essuie face au Sparta Prague sa seconde défaite (2-3) en deux matchs et ne compte aucun point dans le groupe H.

9 L'Étoile du Sahel champion d'Afrique. Les Tunisiens de l'Étoile du Sahel remportent la finale de la Ligue des champions d'Afrique en s'imposant 3-1 au match retour face aux Égyptiens d'Al-Ahly, double tenants du trophée.

10 Barthez attendu à la plage. Henri Émile, ancien intendant des Bleus passé au beach soccer avec Éric Cantona, annonce que Fabien Barthez pourrait interrompre sa retraite sportive pour jouer avec l'équipe de France de Beach.

Moussilou au Qatar. Peu utilisé à Marseille, l'ancien Lillois Matt Moussilou est prêté jusqu'à la fin de la saison au club d'Al-Arabi.

11 Niang croque Lyon. Auteur des deux buts de l'OM à Gerland, Mamadou Niang permet à son équipe d'aller s'imposer à Lyon (2-1). Marseille sort de la zone rouge et met fin à une série de sept victoires consécutives des Rhodaniens, toutes compétitions confondues.

Drame à Rome. Une rixe sur une aire d'autoroute entre supporters de la Lazio Rome et de la Juventus Turin s'achève par la mort d'un tifoso romain, tué par un policier. Ultras et forces de l'ordre s'affrontent jusqu'au bout de la nuit autour du Stade olympique.

13 Bolton réclame Anelka à Domenech. Présent au rassemblement de l'équipe de France à Clairefontaine, Nicolas Anelka vient faire constater sa blessure à une cuisse. Gary Megson, l'entraîneur de Bolton, qui doit se passer de l'attaquant des Bleus depuis quatre matchs, réclame son retour immédiat. Raymond Domenech n'est pas d'accord : « Il n'y a pas mieux pour un joueur que de se soigner en sélection. »

14 Arsenal héberge Beckham. Pour garder le rythme durant la trêve aux États-Unis et préserver ses chances d'être sélectionné en équipe d'Angleterre, David Beckham obtient d'Arsène Wenger de pouvoir s'entraîner avec les Gunners.

16 Le Stade de France en fête. Quatre buts, des tribunes en liesse, le Stade de France vibre au cours du match amical France-Maroc (2-2). Alternant boulettes et parades héroïques, Mickaël Landreau laisse planer le doute sur sa capacité à palier l'absence de Grégory Coupet.

« Je me suis cru au Maroc. »
William Gallas.

17 L'Italie qualifie la France. Une victoire de l'Italie en Écosse (1-2) permet à la France d'être qualifiée pour l'Euro 2008 avant même de jouer en Ukraine quatre jours plus tard. Il s'en est fallu de peu, car la victoire italienne ne s'est dessinée qu'après un but de Panucci dans les arrêts de jeu.

18 Makelele arrête après l'Euro. Suite à l'annonce qu'il mettrait un terme à sa carrière internationale une fois la qualification pour l'Euro 2008 en poche, mais Claude Makelele se ravise et fait savoir qu'il est finalement candidat pour se rendre en Suisse et en Autriche. « Mais après l'Euro, j'arrête », précise le récupérateur des Bleus.

19 Zidane et Ronaldo pour la bonne cause. En vedettes du match contre la pauvreté organisé à Málaga par les Nations-unies, Zinédine Zidane et Ronaldo assurent le spectacle mais ne marquent pas de but.

21 L'Angleterre au tapis. L'équipe d'Angleterre n'avait besoin que de un point face à la Croatie à Wembley pour aller à l'Euro 2008. Patatras : les sujets de Sa Majesté s'inclinent 2-3 et manqueront le rendez-vous continental pour la première fois depuis 1980.

La solitude de Frey. En Ukraine, la France mène 2-1 à la pause. Sur la première action au retour des vestiaires, Sébastien Frey juge mal la trajectoire d'une tête anodine d'Andreï Chevtchenko et accompagne le ballon de la main dans son propre but. Score final : 2-2. Heureusement que la qualification pour l'Euro était déjà en poche.

« J'ai été ébloui par un projecteur. »
Sébastien Frey.

22 Deschamps pousse Thuram vers la retraite. Au micro de RMC info, Didier Deschamps se montre sans pitié avec Lilian Thuram, avec qui il a pourtant remporté la Coupe du monde 1998 et l'Euro 2000 : « D'après ce que j'ai vu de Thuram, il ne va pas aller en s'améliorant. »

24 Bordeaux fait naufrage à Caen. Deux expulsions, une défense passoire, un gardien dans un mauvais soir et un adversaire opportuniste conduisent à une inquiétante défaite de Bordeaux à Caen (5-0).

« Mon équipe manque de caractère. »
Laurent Blanc.

Anelka, le cauchemar de MU. Manchester United a toujours réussi à Nicolas Anelka. L'attaquant vedette de Bolton, auteur de l'unique but de la rencontre des extrêmes face aux Red Devils (1-0), respecte la tradition et permet à Arsenal, son ancienne équipe, de reprendre la tête de la Premier League.

Sagnol boude. Craignant de voir lui échapper le brassard de capitaine du Bayern Munich une fois le départ à la retraite d'Oliver Kahn, Willy Sagnol annonce qu'il a demandé aux dirigeants bavarois à être transféré au mercato d'hiver.

25 Tapis rouge vers l'Afrique du Sud. Le tirage au sort des éliminatoires du Mondial 2010 effectué en Afrique du Sud est favorable à l'équipe de France, placée dans le groupe 7 de la zone Europe avec l'Autriche, les Îles Féroé, la Lituanie, la Serbie et la Roumanie.

Les kilos de Ronaldo. Pour sa première apparition avec le Milan AC depuis sa blessure à une cuisse fin juillet, Ronaldo traîne péniblement ses kilos superflus sur la pelouse de Cagliari. L'embonpoint et la lenteur du Brésilien n'empêchent pas le club lombard de s'imposer 2-1.

26 Le Mans assure ses arrières. Pour la première fois en France, un stade va porter le nom d'un sponsor. Le prochain stade du Mans, qui comptera 25 000 places, s'appellera ainsi la MMArena. Les assurances MMA verseront un loyer de un million d'euros par an au MUC 72 pendant dix saisons.

27 Lyon condamné à l'exploit. Tenu en échec à Gerland par Barcelone (2-2), malgré un doublé de Juninho, l'OL devra aller s'imposer chez les Glasgow Rangers lors de la dernière journée de la phase de groupe de la Ligue des champions.

« Je resterai à vie à la Juventus Turin. »
David Trezeguet.

28 Les regrets marseillais. Battu sur le fil par Besiktas à Istanbul (2-1), Marseille reste deuxième du groupe A de la Ligue des champions, mais devra battre Liverpool lors de la dernière journée pour aller en 8es de finale.

29 Rennes et Toulouse vers la sortie. Battu 3-0 à Hambourg, Rennes reste bon dernier du groupe D de la Coupe de l'UEFA. Battu trois fois en trois matchs, cette fois par le FC Zurich (2-0), Toulouse est déjà éliminé.

30 Quatre mois jour pour jour après sa grave blessure au genou, Grégory Coupet reprend l'entraînement avec l'OL.

Michel Platini façonne les coupes d'Europe. Le président français de l'UEFA annonce que, à partir de 2010, la finale de la Ligue des champions se jouerait le samedi et non plus le mercredi, afin de garantir un meilleur remplissage des tribunes. L'ancien numéro 10 des Bleus prévoit également une suppression de la phase éliminatoire de la Coupe Intertoto.

Riquelme rentre au pays. À 39 ans, le mythique numéro 10 argentin quitte le club espagnol de Villareal pour Boca Juniors, où il avait évolué de 1996 à 2002.

1er Ça ne s'arrange pas au PSG. Battu par Caen au Parc des Princes pour la première fois de son histoire (1-0), le club parisien concède sa cinquième défaite de la saison à domicile et s'accroche à sa 18e place. En coulisse, la démission de Paul Le Guen est évoquée.

« Je travaille pour l'avenir, je ne partirai pas. » Paul Le Guen.

2 Grand artisan de la victoire du Milan AC en finale de la dernière Ligue des champions, le Brésilien Kaká se voit remettre à 25 ans le 52e Ballon d'or France-football.

Comme on se retrouve ! Le tirage au sort de l'Euro 2008 effectué à Lucerne (Suisse) met l'Italie sur la route de la France. Dans le groupe C, les deux finalistes de la Coupe du monde 2006 retrouveront les Pays-Bas et la Roumanie.

Le 2 000e de Bordeaux. Festival de buts au stade Chaban-Delmas pour le 2 000e match de Bordeaux en L1, dont le coup d'envoi est donné par Alain Giresse. Les Girondins s'imposent 4-3 face à Toulouse au terme d'un match complètement fou qui a vu les Toulousains égaliser à 3-3 après avoir été menés 3-0. Un chef-d'œuvre de Wendel à la 87e minute a mis fin au suspense. Dans le même temps, Lyon étrille Strasbourg 5-0 et fait le trou en tête de la L1.

6 Deux buts signés Chamakh et Jussiê permettent à Bordeaux de battre les Suédois d'Helsingborg et d'assurer sa qualification pour les 16es de finale de la Coupe de l'UEFA.

Rarement titulaire avec le Barça, pointé du doigt pour ses écarts hors du terrain et sa petite forme, Ronaldinho s'émeut dans le journal El Mundo : « Ma situation est intenable. »

7 La frayeur de Rothen. Le milieu gauche du PSG et de l'équipe de France porte plainte contre X après avoir trouvé une lettre de menaces sur le pare-brise de son véhicule, dont un pneu a été crevé.

Retour à la compétition pour Grégory Coupet, aligné en CFA avec la réserve de l'OL contre Croix-de-Savoie.

8 Tenu à l'écart des terrains suite à une blessure au genou droit contre le Milan AC le 3 avril, Willy Sagnol manque son retour en Bundesliga avec le Bayern Munich face à Duisbourg en raison d'un choc au dos lors de l'ultime entraînement avant le match.

10 Bernard Laporte, secrétaire d'État aux Sports, annonce la création d'une commission visant à améliorer les stades français en vue de la candidature à l'organisation de l'Euro 2016.

11 La gifle. Surclassé par Liverpool au Vélodrome (0-4), l'OM termine à la 3e place du groupe A de la Ligue des champions et se trouve reversé en Coupe de l'UEFA.

« Je sais que beaucoup de nos supporters qui paient leur place au stade ont un salaire compris entre 1 000 et 1 500 euros. Ça représente beaucoup d'argent pour eux. Ça implique une responsabilité de toute l'équipe. » Éric Gerets.

12 Contraint de l'emporter à Glasgow pour accéder aux 8es de finale de la Ligue des champions, l'OL fait mieux que ça, en battant les Rangers 3-0, notamment grâce à un exceptionnel Karim Benzema, auteur d'un doublé dans les cinq dernières minutes.

Frédéric Hantz est remercié par Jean-Claude Plessis, le président de Sochaux, 19e de L1. Le technicien adepte de la sophrologie est le troisième entraîneur de L1 écarté depuis le début de saison. Jean-Luc Ruty, entraîneur de l'équipe réserve, assure l'intérim.

« Karim (Benzema) a été géant. » Jean-Michel Aulas.

13 Coup d'arrêt pour Sébastien Frey. Le troisième gardien français, selon la hiérarchie établie par Raymond Domenech est indisponible pour un à deux mois après s'être blessé au genou droit lors d'un entraînement avec la Fiorentina.

Fabio Capello, sélectionneur de l'Angleterre. À 61 ans, l'ancien entraîneur italien du Real Madrid signe pour quatre ans et demi et succède à Steve McLaren, remercié après la non-qualification des sujets de sa Majesté pour l'Euro 2008.

14 Les dirigeants rennais s'activent en coulisses pour stopper l'hémorragie (cinq défaites consécutives). Guy Lacombe va succéder à Pierre Dréossi, qui restera manager général du club breton.

« J'aurai toujours les yeux de l'amour pour Pedro Pauleta. » Élie Baup.

15 Record et détresse pour Pauleta. Le goleador portugais devient meilleur réalisateur du PSG en inscrivant face à Toulouse son 101e but en rouge et bleu toutes compétitions confondues. Ce qui n'empêche pas le club parisien d'essuyer sa 6e défaite de la saison au Parc (2-1) et de retrouver la zone de relégation (18e).

Vertige. Le comité exécutif de la FIFA interdit les matchs à plus de 2 750 mètres d'altitude sans acclimatation.

16 Lyon champion d'automne. Le match nul de Nancy à Strasbourg (0-0) assure à Lyon de passer la trêve hivernale dans la peau du champion d'automne.

Grand Slam Day en Angleterre. Les quatre clubs les plus huppés de Premier League s'affrontent outre-Manche. Arsenal remporte son derby londonien face à Chelsea, diminué en l'absence de Didier Drogba (1-0). Manchester United s'impose à Anfield contre Liverpool (0-1).

17 Dhorasoo en quête d'une dernière pige. Un peu plus de un an après son licenciement du PSG, Vikash Dhorasoo, 34 ans, est à Grenoble pour négocier une pige de six mois avec le club isérois.

18 Le jour de ses 20 ans, Karim Benzema dévoile ses ambitions : « Être un jour l'égal d'un Zidane ou d'un Ronaldo. »

21 À la veille de rendre visite à Nancy, son dauphin en L1, Lyon est malheureux au tirage et écope de Manchester United en 8es de finale de la Ligue des champions. En 16es de finale de la Coupe de l'UEFA, Marseille rencontrera les Russes du Spartak Moscou, Bordeaux les Belges d'Anderlecht.

21 Nostalgie, quand tu nous tiens. Trois ans après avoir commenté son dernier match de l'équipe de France pour TF1, Thierry Rolland prend un coup de jeune en apprenant qu'il officiera pour les matches de Bleus durant l'Euro 2008, cette fois sur M6.

23 Noël avant l'heure pour le Real. Le club madrilène remporte le classico espagnol en s'imposant 1-0 sur la pelouse du Barça grâce à un but du Brésilien Julio Baptista.

Domenech refoulé. Pour bénéficier de une semaine de stage supplémentaire avec l'équipe de France avant l'Euro 2008, le sélectionneur des Bleus demande une modification du calendrier français et d'avancer la finale de la Coupe de France du 24 au 3 mai. Refus catégorique de France Télévision, diffuseur de l'événement.

24 Aruna Dindane, l'attaquant ivoirien de Lens, prolonge jusqu'en juin 2010 son contrat avec la formation nordiste.

26 Inquiet des conséquences d'une éventuelle relégation du PSG en L2, Jean-Michel Aulas, le président de l'OL, croit trouver une solution à ses problèmes : « Pour que Fred trouve un grand club et pour qu'un grand club comme le PSG se relance, je suis prêt à faire des efforts. »

« Lorsque Thierry Henry était à Arsenal, c'était comme si les autres joueurs n'existaient pas. » Cesc Fabregas.

Pluie de buts à Londres. La 19e journée de la Premier League offre aux spectateurs anglais un exceptionnel Chelsea-Aston Villa (4-4) et un non moins superbe Tottenham-Fulham (5-1). Les habitués de la L1 française ont de quoi être jaloux.

27 Le retour de l'artiste. Enzo Scifo, 41 ans, l'ancien meneur de jeu d'Auxerre, de Monaco et de la Belgique, revient sur les terrains comme entraîneur de Mouscron (L1 belge).

« On peut raisonnablement dire que le coup est jouable. » Laurent Blanc, à propos d'Anderlecht, futur tombeur de Bordeaux en 16e de finale de la Coupe de l'UEFA.

28 Dhorasoo raccroche. Ses discussions avec Grenoble n'aboutissant pas, Vikash Dhorasoo prend sa retraite sportive.

29 Drame en Écosse. Phil O'Donnell, 35 ans, décède des suites d'un malaise lors du match entre son club, Motherwell, et Dundee United.

30 Gillot revient aux sources. Libéré de son rôle de recruteur à Lens, Francis Gillot devient l'entraîneur de Sochaux en remplacement de Jean-Luc Ruty, lui-même intérimaire après le licenciement de Frédéric Hantz pour absence de résultats. Ancien de la maison, Gillot a dix-neuf jours pour sauver les Lionceaux, 19e à 5 points du premier non relégable.

31 Feu vert pour Krupoviesa. Sur le point de s'engager avec l'OM, Juan Angel Krupoviesa, le latéral gauche argentin de Boca Juniors, rassure le staff médical de l'OM, inquiet de savoir quelles séquelles avait laissées son opération du genou droit un an plus tôt.

2 Artur Jorge en Iran. L'entraîneur portugais Artur Jorge, qui a notamment entraîné le PSG en 1994, l'année de son titre de champion de France, est désigné sélectionneur de l'Iran, avec pour mission de qualifier son équipe pour la Coupe du monde 2010.

3 De 16 à 18. Une disposition adoptée en assemblée fédérale fait passer de 16 à 18 le nombre de joueurs par équipe pouvant figurer sur la feuille de match en Coupe de France à partir des 32es de finale.

4 L'affront de Gouffran. D'accord avec le PSG depuis trois mois pour rejoindre la capitale durant le mercato d'hiver, l'attaquant international espoirs caennais Yoan Gouffran, 21 ans, revient sur sa promesse orale, de peur d'évoluer en Ligue à la saison suivante.

« Gouffran n'a pas la carrure pour le PSG. »
Alain Cayzac.

Fernandez sanctionne Traoré. Après avoir dit qu'il ne participerait pas à la Coupe d'Afrique des nations, le défenseur auxerrois accepte finalement sa sélection avec l'équipe du Mali. Colère de Jean Fernandez, l'entraîneur de son club, qui ne le retient pas pour les 32es de finale de Coupe de France contre Saint-Étienne.

6 Le PFC refait surface. Vingt-huit ans après son inattendue demi-finale de Coupe de France, le Paris-Football Club, 11e de National et parent pauvre du PSG, réussit l'exploit des 32es de finale en allant s'imposer à Toulouse (1-2).

7 Gili pompier de service. Ulrich Stielike, le sélectionneur allemand de la Côte d'Ivoire, quitte ses fonctions à deux semaines de l'ouverture de la CAN pour être au chevet de son fils, plongé dans le coma. Gérard Gili, l'ancien entraîneur de l'OM, lui succède dans la journée et complète le bataillon des entraîneurs français pigistes en Afrique.

8 Le triple jeu de Fred. De retour de vacances au Brésil, Fred joue la diva. L'attaquant lyonnais courtisé par le PSG fait monter les enchères en discutant avec Tottenham et n'exclut pas de rester à Lyon si les propositions qui lui sont faites ne lui permettent pas de doubler son salaire.

9 Le Druide au secours de Lens. Relégable en championnat, tout juste éliminé par Niort (L2) en Coupe de France, le RC Lens va droit dans le mur, et Jean-Pierre Papin semble dépassé par sa première expérience d'entraîneur en L1. Gervais Martel décide de mettre son technicien néophyte sous tutelle en rappelant Daniel Leclercq, dit « le Druide », avec qui le club nordiste a remporté le championnat en 1998 et la Coupe de la Ligue en 1999.

11 Anelka rebondit à Chelsea. Après le PSG (deux fois), Arsenal, le Real Madrid, Liverpool, Manchester City, Fenerbahçe et Bolton, Nicolas Anelka rejoint Chelsea, son huitième club en onze saisons. Coût de l'opération : 20 millions d'euros.

Le retour du buteur prodigue. Recordman des buts inscrits en L1 avec 299 réalisations, l'Italo-Argentin Delio Onnis, 60 ans, revient à Monaco pour donner conseil aux attaquants du centre de formation de la principauté.

12 Sochaux reprend espoir. Premier match de championnat à la tête de Sochaux et première victoire pour Francis Gillot. Ce succès au Mans (2-0) permet aux Francs-Comtois de revenir à trois points de la zone de relégation. Vainqueur de Toulouse (3-2), Lyon compte six points d'avance, en tête du classement devant Nancy et Bordeaux.

13 Paris gagne enfin au Parc. Première victoire du PSG en L1 à domicile depuis huit mois. Ce succès 3-0 face à Lens permet aux Parisiens de remonter de la 17e à la 11e place.

Les curieuses décisions de Bruno Coué. La victoire de Rennes sur Marseille (3-1) fait hurler au scandale la délégation phocéenne. Après avoir ouvert le score, l'OM est rejoint au score suite à un but de Pagis, que tout le monde a vu hors-jeu, sauf Bruno Coué, l'arbitre de la rencontre. Ce dernier s'illustre en oubliant d'expulser Pagis pour un tacle assassin sur Krupoviesa. En revanche, il n'hésite pas à sortir le rouge pour expulser l'Argentin venu se faire justice.

16 Keegan rempile à Newcastle. Onze ans après avoir quitté Newcastle, où il avait connu sa première expérience d'entraîneur de 1992 à 1997, l'ancien Ballon d'or Kevin Keegan, 57 ans, retrouve le banc des Magpies en remplacement de Sam Allardyce, limogé quelques jours plus tôt. Didier Deschamps et Gérard Houllier avaient également été contactés pour occuper le poste.

17 La retraite officielle de Bernard Diomède. Sans club depuis un an, après avoir erré pendant deux saisons en L2, Bernard Diomède, champion du monde 1998, officialise sa retraite à 33 ans.

Lassana Diarra, l'Euro plutôt que les euros. Afin de retrouver du temps de jeu en vue et ne pas hypothéquer ses chances d'être sélectionné pour l'Euro 2008, le milieu récupérateur Lassana Diarra, 22 ans, rejoint Portsmouth. Un club anglais beaucoup moins riche et huppé que le sont Chelsea et Arsenal, ses deux précédents employeurs où il n'a pas réussi à s'imposer comme un titulaire incontesté.

« Je n'ai jamais rien dit ni fait de mal dans ma carrière. » Nicolas Anelka.

18 Randriana l'a échappé belle. Grosse frayeur au stade Louis-Dugauguez de Sedan. Le défenseur Niortais Marco Randriana s'effondre après vingt-trois minutes de ce match de L2, suite à un arrêt cardiaque. L'intervention immédiate des secours permet de le ranimer à l'aide d'un défibrillateur.

Hoarau à Paris si... Libre en fin de saison et convoité par de nombreux clubs, Guillaume Hoarau, meilleur buteur de L2 et meilleur joueur du Havre, fait savoir qu'il évoluera au PSG en 2008-2009. Son contrat comporte toutefois une clause qui le laisserait libre au cas où le club de la capitale descendrait en L2.

19 Marseille décolle. Précieuse victoire de l'OM sur Valenciennes (3-1) avec un doublé de Djibril Cissé. Pour la première fois de la saison, les Phocéens (10e) intègrent la première moitié du classement de L1.

20 Le Ghana en fête. C'est parti à Accra où est donné le coup d'envoi de la 26e Coupe d'Afrique des nations (CAN). Lors du match d'ouverture, le Ghana arrache à la dernière minute la victoire face à la Guinée (2-1).

L'effet Leclercq. Surprise à Bollaert, où Lens étrille Lyon (3-0). Les uns y voient les premiers effets de l'implication de Daniel Leclercq au côté de Jean-Pierre Papin auprès de l'équipe nordiste. Les autres se demandent si l'OL, quatre jours après avoir été sorti par Le Mans en Coupe de la Ligue, réussira à rafler un septième titre consécutif.

21 Mavuba déjà de retour. Six mois après avoir été transféré de Bordeaux à Villareal, Rio Mavuba retrouve la L1. Seulement cinq fois titulaire avec le club espagnol, le milieu défensif est prêté à Lille jusqu'en fin de saison.

L'ECA remplace le G14. Le G14, syndicat des clubs européens les plus puissants, devient l'Association européenne des clubs (ECA) et s'ouvre à des formations moins fortunées. L'UEFA reconnaît ce nouvel organisme comme interlocuteur unique et accepte le principe d'une indemnisation pour la mise à disposition des internationaux.

22 Gallardo l'Américain. Tricard depuis l'arrivée de Paul Le Guen au PSG, l'Argentin Marcelo Gallardo, 32 ans, résilie son contrat parisien et traverse l'Atlantique pour une préretraite à Washington DC, où il s'engage pour deux ans et demi.

23 Zidan l'Égyptien. Finale avant l'heure à la CAN. L'Égypte bat le Cameroun 4-2 avec un doublé de part et d'autre : Samuel Eto'o pour les Lions indomptables, Mohamed Zidan, héros de la rencontre, pour les Pharaons.

24 Baros à Portsmouth. Bloqué à Lyon par l'abondance d'attaquants de niveau international, le Tchèque Milan Baros rejoint Portsmouth sous la forme d'un prêt avec option d'achat.

25 Artur Jorge déjà remercié. Moins de un mois après sa nomination au poste de sélectionneur de l'Iran, Artur Jorge est remplacé suite au renouvellement de l'équipe dirigeante de la fédération. Il n'a jamais eu l'occasion d'entraîner sa nouvelle équipe.

Tentative de corruption à la CAN. Juste après la lourde défaite de son équipe face à la Côte d'Ivoire (4-1), Reinhard Fabisch, le sélectionneur allemand du Bénin, dénonce une tentative de corruption.

26 Caen retombe sur terre. Surprenant 6e de L1, Caen, l'un des plus petits budgets du championnat, prend de plein fouet une déferlante offensive au Stade Vélodrome et quitte Marseille avec sa plus lourde défaite de la saison (6-1, triplé de Djibril Cissé).

Eto'o dans l'histoire. Buteur avec le Cameroun face à la Zambie (5-1), Samuel Eto'o égale le record du nombre de buts inscrits à la CAN, jusqu'alors détenu par le seul Ivoirien Laurent Pokou avec 14 réalisations.

27 Boumsong enfin lyonnais. D'abord prêté, puis sur le point d'être transféré avant d'être rappelé pour un match et bloqué temporairement, Jean-Alain Boumsong voit avec soulagement s'achever son transfert de la Juventus Turin à Lyon, conclusion d'un feuilleton de plusieurs semaines.

Benzema refroidit le chaudron. Saint-Étienne s'imaginait remporter son premier derby face à Lyon depuis 1994. C'était sans compter avec Karim Benzema, auteur du but égalisateur dans les arrêts de jeu (1-1).

Pato, une étoile est née. Auteur d'un doublé pour le Milan AC face au Genoa (2-0), ses deuxième et troisième buts en quatre matchs de série A, le Brésilien Alexandre Rodrigues da Silva, 18 ans, surnommé « Pato », révèle son talent à la face du monde.

28 Le Havre double Nantes. Changement de leader en L2 où Le Havre s'impose à Nantes (1-0), mais aussi à la première place du classement aux Canaris.

Le Maroc à la trappe. Stupeur à la CAN où le Maroc, 3e du groupe A avec trois points en trois matchs, s'incline 0-2 face au Ghana et quitte la compétition dès le premier tour.

29 Ederson signe à Lyon mais reste à Nice. Nice peut compter sur Ederson jusqu'en fin de saison. Le milieu de terrain brésilien, cheville ouvrière des Aiglons, est transféré pour 14 millions d'euros à Lyon, mais l'OL a accepté de le prêter six mois immédiatement à son club d'origine.

30 Le PSG attend la fin des soldes. En quête d'un milieu droit depuis le début du mercato d'hiver, le PSG se rabat sans conviction sur Souza, le Brésilien de São Paulo, acheté 4 millions d'euros. Saint-Étienne, qui n'a pas donné suite, aurait pu avoir ce même joueur pour 1,5 million d'euros quinze jours plus tôt. Les dirigeants du club de la capitale gaspillent 2 millions d'euros de plus en recrutant le dénommé Everton, remplaçant en L2 avec Flamengo et tout juste au niveau pour évoluer avec la réserve parisienne en CFA.

Dabo poursuit son périple. Dixième changement de club pour Ousmane Dabo depuis son départ de Rennes pour l'Inter Milan en janvier 1999. Le milieu de terrain français quitte Manchester City pour signer trois ans avec la Lazio de Rome, où il jouait avant de tenter sa chance en Angleterre.

31 Domenech ratisse large. Pour permettre à l'équipe de France A' d'affronter le Congo et à l'équipe de France A d'en découdre avec l'Espagne, Raymond Domenech retient un groupe de 36 joueurs. Steve Mandanda, Jérémy Menez et Gaël Clichy découvrent les Bleus. Et toujours pas de nouvelles de David Trezeguet...

« Je prends tout ce qui est à prendre. »
Jérémy Menez.

Couvre-feu. Surpris tardivement dans une boîte de nuit à la veille d'affronter l'Afrique du Sud à la CAN, les Sénégalais El-Hadji Diouf et Tony Sylva sont exclus du groupe pour cette rencontre.

1er Deuxième tour pour les télés. Le premier tour de l'appel d'offres pour l'attribution des droits de la L1 ne ramène pas d'offre suffisamment élevée aux yeux des dirigeants de la LFP. Un deuxième tour est à l'étude.

Le scandale du Ballon d'or africain. Désigné lauréat du Ballon d'or africain 2007, Didier Drogba refuse de se rendre à la cérémonie au Togo, à deux jours de son quart de finale de la CAN. Vexés, les dirigeants de la Confédération africaine remettent le prix à Frédéric Kanouté.

2 Bastia donne une leçon à Auxerre. Au stade Furiani, un doublé d'Henry et un but de Coulibaly permettent à Bastia de battre Auxerre 3-0 en 16es de finale de la Coupe de France. C'est fini, en revanche, pour les amateurs du Poiré-sur-Vie, accrocheurs face au PSG avant de céder dans le dernier quart d'heure (1-3).

Arsenal repasse en tête. Les Gunners, vainqueurs 3-1 à Manchester City, profitent du match nul de Manchester United à Tottenham pour reprendre la tête de la Premier League.

Rouge de France. Adidas, équipementier de l'équipe de France, annonce que les Bleus joueront avec un maillot rouge contre l'Espagne. Les puristes s'insurgent.

« La France en rouge ? Voir le marketing déborder à un tel point est une honte absolue ! » Guy Roux.

3 Carquefou, c'est fou. Treizième du groupe G de CFA2, Carquefou réussit l'exploit des 16es de finale de Coupe de France en s'imposant 2-1 après prolongation face à Nancy, 3e de L1.

La tornade ivoirienne. En quarts de finale de la CAN, la Côte d'Ivoire balaye la Guinée 5-0, avec quatre buts, dont un de Drogba inscrit au cours des vingt dernières minutes. La victoire du Ghana sur le Nigeria (2-1) fait souffler un vent de folie dans le pays organisateur.

Retour manqué pour Vieira. Après trois mois d'indisponibilité, Patrick Vieira reprend la compétition avec l'Inter Milan, mais se fait expulser face à Empoli après trente-neuf minutes pour une faute suivie d'une contestation.

4 Nasri en A'. À Málaga, Raymond Domenech annonce à son groupe les noms des joueurs qui évolueront le lendemain en A' contre le Congo, puis ceux qui défieront l'Espagne le lendemain avec les A. Surprise : Samir Nasri n'est que réserviste. Blessé à une cuisse, Franck Ribéry déclare forfait.

Le Cameroun aux forceps. Accroché par la Tunisie de Roger Lemerre, le Cameroun s'impose finalement en prolongation (3-2). En demi-finale de la CAN, les Lions indomptables retrouveront le Ghana. Dans l'autre rencontre, la Côte d'Ivoire sera opposée à l'Égypte, vainqueur 2-1 face à l'Angola.

5 De la casse en réserve. Lors du match nul sans relief concédé par l'équipe de France A' face à la République démocratique du Congo, Samir Nasri doit sortir en raison d'une entorse à la cheville, Mathieu Flamini se blesse à une cuisse et Abou Diaby déclare forfait à cause d'un mollet récalcitrant.

6 Ça commence mal. Pour son premier match de préparation en vue de l'Euro du mois de juin, l'équipe de France trébuche sans convaincre en Espagne (défaite 0-1). Seul Nicolas Anelka, très actif, a réussi à se mettre en évidence.

La palme à l'AJA. Le classement des centres de formation des clubs français consacre l'AJ Auxerre devant Bordeaux et Le Havre.

Canal+ et Orange raflent la L1. Le deuxième tour de l'appel d'offres des droits télé de la L1 pour la période 2008-2012 rapporte 668 millions d'euros par saison au football français. Canal+ conserve l'essentiel et remporte même le magazine du dimanche, qui échappe pour la première fois aux chaînes hertziennes. Orange fait son apparition sur les nouveaux supports numériques grâce à une offre de 208 millions d'euros.

7 Douche froide au Ghana. La folie retombe au Ghana après la défaite de l'équipe locale en demi-finale de la CAN face au Cameroun (0-1, but du vétéran Rigobert Song). L'autre finaliste est l'Égypte, net vainqueur de méconnaissables Ivoiriens (4-1).

10 L'Égypte reine d'Afrique. Un but du meneur de jeu Abou Treika en seconde période permet à l'Égypte de s'imposer en finale de la CAN à Accra face au Cameroun (1-0). Les Pharaons se succèdent à eux-mêmes au palmarès et s'adjugent le trophée pour la sixième fois de l'histoire, record absolu.

La folle remontée de l'OM. Après avoir craint pour son avenir en L1, Marseille se prend à rêver à une qualification européenne. Sa victoire à Nice (0-2) permet au club phocéen de remonter à la cinquième place du classement de L1.

« L'Inter Milan bénéficie de petits coups de pouce de la part des arbitres. » Francesco Totti, capitaine de l'AS Roma.

13 Ronaldo, la tuile de trop. Trois minutes après son entrée en jeu avec le Milan AC face à Livourne, Ronaldo est stoppé net par une rupture du tendon rotulien du genou gauche. À 31 ans et après de nombreux traumatismes tout au long de sa carrière, l'attaquant brésilien réussira-t-il à revenir ?

Bordeaux craque. Après avoir mené au score à Anderlecht en 16es de finale aller de la Coupe de l'UEFA grâce à un penalty de Jussiê, Bordeaux se laisse rejoindre et même dépasser par l'équipe belge, après le but vainqueur de Mpenza à la 5e minute du temps additionnel.

14 Le blues de Pauleta. À trois mois du terme de son contrat au PSG et de sa probable fin de carrière, Pedro Pauleta en a marre de cirer le banc de touche parisien et le fait savoir : « Je n'ai jamais connu une situation comme ça, j'espère que le mois de mai va vite arriver. »

16 Le racisme gâche la fête de Metz. Metz voit sa première victoire en L1 (2-1 contre Valenciennes) gâchée par un incident survenu dans les tribunes. Las d'être la cible d'insultes racistes, le capitaine marocain de VA Abdeslam Ouaddou monte en tribune à la mi-temps pour s'expliquer avec l'auteur des propos inacceptables et écope d'un carton jaune. Le joueur, le FC Metz et la LFP portent plainte.

Manchester étrille Arsenal. MU se qualifie pour les quarts de finale de la Cup et prend un important ascendant psychologique sur Arsenal dans la lutte pour le titre de champion d'Angleterre. Les Red Devils distancent les Gunners 4-0. En Italie, l'Inter Milan dispose de Livourne 2-0 et fait le break sur la Roma, battue 1-0 à Turin par la Juve.

Le réveil des Verts. Moribonde depuis le début de la saison, l'équipe de Saint-Étienne relance la course à l'Europe en croquant Nancy 4-0, avec notamment un doublé de Bafétimbi Gomis.

17 Bordeaux cartonne et talonne Lyon. Auteur de six buts lors des quarante dernières minutes de son écrasant succès à Monaco (6-0), doublés de Cavenaghi et Micoud), Bordeaux revient à un point de l'OL, en tête du classement de L1 et relance l'intérêt d'un championnat qui semblait déjà plié. Vainqueur du PSG (2-1) dans un climat délétère, Marseille pointe à la 4e place.

18 La Roma chahute le Real. Un but de Raul dès la 8e minute face à la Roma semblait annonciateur d'une bonne soirée pour le Real Madrid en 8es de finale aller de la Ligue des champions. Mais la formation italienne est progressivement revenue dans le match grâce à Pizarro puis à Mancini. Au cours de l'autre choc de la soirée, l'Inter Milan craque dans les cinq dernières minutes à Liverpool et s'incline 2-0.

« Jeune, on peut être meilleur que les autres à condition de s'entraîner et de faire des sacrifices, ce que ne fait pas Ronaldinho. » Johan Cruyff.

20 Tevez nourrit les regrets lyonnais. Pourtant averti de la ténacité légendaire de Manchester United, Lyon ouvre le score par Benzema, mais une mauvaise relance de Fred permet à Carlos Tevez d'égaliser dans les toutes dernières minutes (1-1).

Un nul et des espoirs pour la 100e de Wenger. Arsène Wenger espérait célébrer son 100e match de Ligue des champions avec Arsenal par une victoire sur le Milan AC en 8es de finale aller. Le match nul consenti à l'Emirates Stadium (0-0) n'hypothèque toutefois pas les chances de qualification des Londoniens avant le match retour.

21 Marseille souffre, Bordeaux cale. Incapables de venir à bout d'Anderlecht à Chaban-Delmas (1-1), les Girondins voient leur Coupe de l'UEFA s'arrêter au stade des 16es de finale. L'OM arrache sa qualification pour le tour suivant malgré une défaite 2-0 à Moscou face au Spartak.

22 Van Basten, retour aux sources. Critiqué pour sa gestion de l'équipe néerlandaise, Marco Van Basten, sélectionneur des Pays-Bas, annonce sa signature d'un contrat de quatre ans comme entraîneur de l'Ajax Amsterdam. Le triple Ballon d'or prendra ses fonctions après l'Euro 2008.

Les Bleus ont le maillot le plus cher du monde. Enchère record lors de l'appel d'offres pour l'équipementier de l'équipe de France pour la période 2011-2018. Adidas, détenteur du contrat avec la FFF depuis 1970 moyennant un dernier contrat de 10 millions d'euros par an, se fait chiper l'affaire par Nike. La firme à la virgule s'impose avec un montant record de 45,3 millions d'euros par an, ce qui fera du maillot tricolore le plus cher du monde.

« Mon corps est fatigué. » Ronaldo, à sa sortie de l'hôpital de la Pitié-Salpêtrière à Paris.

23 Taylor le boucher. La saison d'Eduardo da Silva, l'attaquant croate d'Arsenal, prend fin à Birmingham (2-2). Double fracture tibia-péroné pour le Gunner, victime d'un tacle assassin du défenseur central Martin Taylor. Manchester United profite du match nul des Londoniens pour revenir à six points au classement de la Premier League, en allant s'imposer 5-1 à Newcastle, avec un but de Louis Saha.

24 Vieira vexé. Remplacé par Maniche en deuxième mi-temps à Gênes face à la Sampdoria (1-1), Patrick Vieira ne comprend pas pourquoi il n'aide pas l'Inter Milan jusqu'au bout de la rencontre. En rejoignant le banc de touche, il ignore la main tendue par Roberto Mancini, son entraîneur, et martyrise un pack de bouteilles d'eau. Le capitaine des Bleus espérait disputer son premier match entier depuis le 0-0 entre l'Italie et la France, six mois plus tôt.

26 Enfin, le Parc vibre. Superbe spectacle au Parc des Princes en demi-finale de la Coupe de la Ligue, remportée 3-2 par le PSG face à Auxerre. Homme du match, Pauleta se fait voler la vedette à la fin du match par Landreau, qui remet les Auxerrois en course suite à une boulette digne d'un poussin face à Niculae.

27 Lens au bout du suspense. Pluie de buts au Mans où l'équipe locale rend les armes au bout de la prolongation et d'un match fantastique remporté 5-4 par Lens. Les neufs buts ont été inscrits par neuf joueurs différents. En finale de la Coupe de la Ligue, les Nordistes retrouveront le PSG.

28 Kaká, milanais à vie ? Indispensable au Milan AC, le Brésilien et ballon d'or Kaká, 25 ans, prolonge son contrat avec le club lombard jusqu'en 2013.

1er Le championnat au Stade de France. Dans l'attente de disposer d'une enceinte digne de la L1, Lille reçoit Lyon au Stade de France, mais s'incline 0-1 suite à un but de Fred. Le record d'affluence pour un match du championnat de France est battu : 77850 spectateurs.

Metz lutte efficacement contre le racisme. Arborant un tee-shirt dépourvu de sponsor et affichant ce simple slogan : « NON AU RACISME », Metz s'impose face à Caen (2-1). Le supporter lorrain qui avait proféré des insultes racistes à l'encontre de Ouaddou a été placé sous contrôle judiciaire et interdit de stade.

2 Wendel gâche la 400e de Landreau. Mauvaise passe pour Mickaël Landreau, maltraité avec le PSG à Chaban-Delmas par Wendel, auteur des trois buts de Bordeaux (3-0). La doublure de Grégory Coupet en équipe de France pouvait rêver meilleure célébration de son 400e match en L1.

4 Cristiano Ronaldo débarque Lyon. Comme en 2007, l'OL dit au revoir à la Ligue des champions au stade des 8es de finale, après sa défaite à Old-Trafford face à Manchester United (1-0). Cristiano Ronaldo a marqué son 30e but de la saison en 30 matchs, toutes compétitions confondues.

Le culot payant des jeunes Gunners. La classe biberon dirigée par Arsène Wenger s'offre le luxe d'une victoire 2-0 à San Siro face au Milan AC. Arsenal élimine le tenant du titre et accède aux quarts de finale de la Ligue des champions. Barcelone et Fenerbahçe se hissent également en quarts de finale.

5 Le Real à la trappe. Battues sur leur terrain (1-2) par l'AS Roma après s'être inclinés au match aller au Stade olympique, les « stars » du Real Madrid manquent une nouvelle fois le rendez-vous des quarts de finale de la Ligue des champions. Invités surprise sdu tour suivant, les Allemands de Schalke 04 se qualifient aux dépens de Porto à l'issue de la séance des tirs au but. Pas de problème pour Chelsea, qui avale l'Olympiakos 3-0.

6 Du grand Cissé et un regret. Un doublé de Cissé et un but de Niang permettent à l'OM de mener 3-1 face au Zénith Saint-Pétersbourg en 8es de finale aller de la Coupe de l'UEFA.

« L'OM fournit le plus beau football qui se pratique en France. » Djibril Cissé.

8 Sochaux croise Toulouse. Dans le mini-championnat, pour tenter de ne pas descendre en L2, Sochaux poursuit son retour à la surface en s'imposant 2-1 à Toulouse. Les Francs-Comtois remontent de la 19e à la 18e place, l'équipe de la Ville Rose effectue le chemin inverse.

MU et Chelsea calent en Cup. Sensation en Angleterre, où Manchester United et Chelsea, respectivement battus 0-1 par Portsmouth et 0-1 à Barnsley (L2), sont éliminés en quarts de finale de la Cup.

9 Lyon mate Bordeaux. Une victoire à Lyon aurait permis à Bordeaux de revenir à égalité avec le leader de L1. La hiérarchie n'est pas si facile à chambouler. Au terme d'un match au sommet qui tient toutes ses promesses, les Rhodaniens repoussent les Girondins à six points après leur victoire 4-2 à Gerland.

11 L'Angleterre puissance quatre. Vainqueur de son 8e de finale retour de Ligue des champions à Milan face à l'Inter (1-0, but de Fernando Torres), Liverpool porte à quatre sur huit le nombre de clubs anglais présents dans les huit quarts de finalistes de l'épreuve.

Gazon et derby maudit pour Lens. En match en retard de la 19e journée de L1, sur une pelouse ravagée par le dégel, Lens s'incline à domicile face à Lille (2-1). Les Sang et Or ne parviennent pas à se mettre à l'abri.

12 Le gâchis marseillais. Le scénario tant redouté se réalise. Battu 2-0 en 8es de finale retour de la Coupe de l'UEFA à Saint-Pétersbourg, l'OM est éliminé de la Coupe d'Europe.

« On nous a lancé des bananes et adressé des cris de singe. » Ronald Zubar.

Henry se dit malheureux. Pour expliquer sa mauvaise passe à Barcelone, Thierry Henry va au devant de la presse catalane et annonce : « Je ne suis pas heureux, ça n'a rien à voir avec le Barça, mais je n'ai vu ma fille que cinq fois ces derniers mois. J'en suis affecté. »

14 La bonne santé de la FIFA. À l'heure de présenter ses comptes annuels, la Fédération internationale de football association annonce un bénéfice net de 49 millions de dollars en 2007, et un chiffre d'affaires total de 882 millions de dollars.

Arsenal perd au tirage. Le tirage au sort de la Ligue des champions est impitoyable avec Arsenal. Opposés au tour précédent au Milan AC, vainqueur de l'édition 2007, les Gunners héritent en quarts de finale de Liverpool, finaliste de la dernière édition. Les autres rencontres : AS Roma-Manchester United, Schalke 04-Barcelone et Fenerbahçe-Chelsea.

15 Lille se lâche. Un festival offensif permet au Losc, vainqueur de Caen 5-0, de revenir dans la première moitié du classement et d'effectuer un grand pas vers le maintien. Tombeur de Monaco (0-3), Lyon fonce vers son 7e titre de champion.

Ribéry, baromètre du Bayern. Franck Ribéry manque un penalty, et le Bayern Munich, battu à Cottbus, enregistre sa deuxième défaite de la saison en Bundesliga.

Suspense en Angleterre. Manchester United, vainqueur sur le terrain de Derby County (1-0), prend la tête de la Premier League au bénéfice d'une meilleure différence de buts qu'Arsenal, tenu en échec par Middlesbrough (1-1). La victoire de Chelsea à Sunderland permet aux Blues de rester à trois points du duo de tête.

16 Bollaert en folie. Après avoir mené 2-0 au stade Bollaert lors du dernier match de la 29e journée de L1, Marseille est rejoint puis dépassé au score par Lens, avant d'égaliser à la dernière minute par Cissé. L'OM est 4e, les Sang et Or comptent deux points d'avance sur la zone de relégation.

Vieira est de retour. Blessé à répétition pendant près de un an, Patrick Vieira revient à son meilleur niveau et réalise un match plein avec l'Inter Milan, vainqueur 2-1 de Palerme.

17 Kopa, cinquante ans après. Lauréat du premier Ballon d'or en 1958, Raymond Kopa, 76 ans, est reçu à l'Élysée et promu au rang d'officier de la Légion d'honneur.

18 Sochaux fait trembler l'OL. En 8es de finale de la Coupe de France, au stade Gerland, Sochaux pousse Lyon dans ses derniers retranchements et égalise à 1-1 à la 90e minute par Kandia Traoré. L'OL tremble mais peut compter sur son Karim Benzema, qui avait ouvert le score, pour inscrire le but de la victoire une minute plus tard.

19 Carquefou s'offre l'OM. Les amateurs de Carquefou (CFA2) s'imposent 1-0 face à Marseille, qui évoluais presque avec sa meilleure équipe.

« Parfois on apprend plus d'une victoire que d'une défaite. J'ai beaucoup appris ce soir. » Éric Guerets.

20 Rami, la surprise de Domenech. Pour affronter le Mali puis l'Angleterre avec les équipes de France A' et A, Raymond Domenech convoque un groupe de 39 joueurs. Surprise du sélectionneur, la présence du défenseur lillois Adil Rami, 23 ans, récompensé d'avoir renoncé à porter les couleurs du Maroc dans l'espoir d'être appelé un jour par les Bleus.

22 Marseille prolonge sa série noire. Éliminé en Coupe de l'UEFA, puis par des amateurs en Coupe de France, l'OM s'incline 0-1 au Vélodrome face à Sochaux après avoir encaissé un but par N'Daw dès la 3e minute. Les Phocéens sont à six points de Nancy, 3e grâce à sa victoire sur Metz (2-1).

23 Samuel Le Bihan offre Paris à Carquefou. Le tirage au sort des quarts de finale de la Coupe de France effectué par l'acteur Samuel Le Bihan dans l'émission France 2 Foot est le suivant : Carquefou-PSG, Bordeaux-Sedan, Lyon-Metz, Amiens-Dijon.

Le Barça relance la Liga. Large vainqueur de Valladolid, le FC Barcelone revient à quatre points du Real Madrid, battu à Santiago Bernabeu par Valence (2-3).

Capello-Beckham, sans rancune. Pressé par tout le Royaume-Uni d'offrir une 100e sélection à David Beckham, Fabio Capello retient le Spice Boy dans le groupe de 23 joueurs appelé à évoluer contre l'équipe de France en match amical.

« Je ne jouerai pas en Ligue 2. »
Jérôme Rothen.

Bordeaux distancé. Battus la veille à Valenciennes (1-3), les Girondins comptent neuf points de retard sur la tête du championnat après la victoire de Lyon sur le PSG (4-2).

25 Des Bleus bis et des bosses. Victoire étriquée de l'équipe de France A' contre le Mali (3-2). La réserve des Bleus maîtrise son sujet en première période au cours de laquelle elle inscrit ses trois buts. Puis ils se font peur et laissent le Mali revenir après le repos.

26 Anelka au rendez-vous anglais. Vainqueur sans convaincre de l'Angleterre (1-0) en match amical au Stade de France, les Bleus enregistrent deux satisfactions : Ribéry, auteur du pénalty de la victoire, est à son meilleur niveau et Nicolas Anelka s'affirme comme un élément essentiel de l'attaque tricolore.

27 Pires joue la prolongation. En fin de contrat à Villareal, Robert Pires prolonge d'un an et se trouve lié avec le club espagnol jusqu'en 2009, année de ses 36 ans.

29 La banderole de la honte. En finale de la Coupe de la Ligue, le PSG s'impose 2-1 face à Lens au Stade de France. La soirée est ternie lorsque des supporters parisiens mal intentionnés déploient cette banderole : « Pédophiles, chômeurs, consanguins : bienvenue chez les Ch'tis. »

Gallas réveille Arsenal. Mené 2-0 à Bolton, Arsenal arrache in extremis la victoire 3-2, avec notamment le premier but de William Gallas avec les Gunners. L'équipe dirigée par Arsène Wenger entretient l'espoir de participer à la lutte pour le titre de champion d'Angleterre.

Le plongeon de Micoud change tout. Le duel pour la deuxième place de L1 tourne à l'avantage de Bordeaux, vainqueur de Nancy 2-1 à Chaban-Delmas. Cette victoire est entachée d'un penalty imaginaire accordé aux Girondins en fin de match après un plongeon spectaculaire de Micoud.

30 Loisel débarquée en Chine. La Française Élisabeth Loisel, nommée sélectionneuse de l'équipe de Chine féminine de football en octobre 2007, est débarquée.

31 Pagis assomme Monaco. Un but inscrit par Mickaël Pagis après trois minutes dans le temps additionnel permet à Rennes de s'imposer à Monaco (2-1). L'équipe de la principauté, qui n'a pas gagné en championnat depuis plus de deux mois, ne compte que trois points d'avance sur la zone de relégation.

1er Les favoris savent voyager. En quarts de finale aller de la Ligue des champions, Manchester United s'impose 2-0 au Stade olympique de l'AS Roma (buts de Cristiano Ronaldo et de Rooney), Barcelone l'emporte en Allemagne face à Schalke 04 (1-0, but de Bojan).

2 Paris sur sa lancée. En match en retard de la 31e journée de L1, le PSG s'impose au Parc face à Strasbourg (1-0, but de Diané) et sort provisoirement de la zone de relégation, quatre jours après sa victoire en finale de la Coupe de la Ligue.

« Payer pour nous insulter, ça ne sert à rien. »
Achille Emana, capitaine de Toulouse.

5 Le réveil des Verts. Menés 1-0 sur leur pelouse par Le Mans après une demi-heure, les joueurs de Saint-Étienne s'offrent une brillante victoire 4-1, avec un Geoffrey Dernis des grands soirs (deux but, une passe décisive). Les Verts se prennent à rêver d'Europe.

6 Marseille, onze ans après. Le Stade Vélodrome n'avait plus connu ça depuis 1997. Marseille bat Lyon (3-1). Tous les buts de la rencontre ont été inscrits par des joueurs phocéens : Cissé, doublé de Niang et Cana contre son camp. L'OM reste à trois points de Nancy, 3e et vainqueur du PSG (1-0).

La vengeance de Vieira. Cible d'insultes racistes à Bergame, Patrick Vieira se fait justice en inscrivant le premier des deux buts vainqueurs de l'Inter Milan (0-2).

8 Anfield en folie. Longtemps accroché par Arsenal en quarts de finale retour de la Ligue des champions, Liverpool s'impose finalement 4-2. Le tournant du match est un penalty très généreux accordé à Babel à cinq minutes du terme. Les Reds s'offrent leur troisième demi-finale de C1 en quatre ans. Ils retrouveront Chelsea, logique vainqueur de Fenerbahçe (2-0) grâce aux buts de Ballack et Lampard.

« En matière d'arbitrage, on avale les couleuvres. »
Arsène Wenger.

9 Monaco fait sa révolution. Le palais monégasque ne supporte plus les mauvais résultats de l'ASM. Michel Pastor et Gérard Brianti, président et vice-président, sont débarqués et remplacés par Jérôme de Bontin, un proche du prince Albert.

Le retour de Silvestre. À l'écart des terrains depuis sept mois en raison d'une rupture des ligaments croisés du genou droit, Mikaël Silvestre retrouve la compétition à l'occasion du quart de finale retour de la Ligue des champions remporté 1-0 par Manchester United face à l'AS Roma.

« J'ai eu affaire à des gens malhonnêtes. »
Antoine Kombouaré, suspendu quatre matchs par la commission de discipline de la Ligue de football professionnel.

10 Renversant Bayern. En quarts de finale retour de la Coupe de l'UEFA, le Bayern Munich arrache in extremis sa qualification à Getafe (3-3 a.p.). Un but de Ribéry à la 89e permet aux Allemands d'aller en prolongation, au cours de laquelle les Espagnols inscrivent deux buts en trois minutes. Héroïque, Luca Toni libère les Bavarois en inscrivant deux buts au bout du suspens (115e et 120e).

12 Metz est en L2 après sa défaite à domicile contre Marseille (1-2).

15 Lyon, dix ans après. Vainqueur étriqué de Metz en quarts de finale (1-0) grâce à un exploit personnel de Karim Benzema, l'OL retrouve les demi-finales de la Coupe de France dix ans après sa dernière participation à ce stade de la compétition.

Clap de fin pour Romario. À 42 ans, l'attaquant brésilien décide de raccrocher. Sa carrière riche de plus de 1 000 buts et d'instants magiques avec la Seleção (73 sélections, 55 buts, la Coupe du monde 1994). Suspendu à titre provisoire en novembre 2007 pour avoir utilisé une lotion capillaire qui contenait un produit dopant, il avait été blanchi trois mois plus tard, mais s'était enrobé de kilos superflus. « À mon âge, c'est dur de retrouver la forme, commente-t-il. L'heure est arrivée pour moi de dire stop. »

16 Pauleta arrête Carquefou. Le coup est passé près, mais les amateurs de Carquefou voient leur folle aventure en Coupe de France stoppée par un but de Pauleta en seconde période, sur sa première occasion. Dans le dernier quart de finale, Sedan crée la surprise en éliminant Bordeaux aux tirs au but.

17 Dissolution d'associations de supporters. Michèle Alliot-Marie, ministre de l'Intérieur, signe les décrets de dissolution des associations de supporters Les Boulogne Boys (PSG) et La Faction de Metz.

18 Sortie de route pour Maldini. Blessé à la cuisse gauche à l'entraînement, Paolo Maldini, 39 ans, défenseur emblématique de l'AC Milan, craint de devoir mettre un terme à sa saison, peut-être sa dernière.

20 Lille fait trébucher l'OM. Après avoir ouvert le score par Niang au Vélodrome, Marseille est finalement battu 1-3 par Lille (doublé de Mirallas, but de Makoun). Les Phocéens abandonnent provisoirement la 3e place de L1 à Nancy, pourtant tenu en échec la veille par Le Mans (1-1).

21 Koeman viré de Valence. Une semaine après avoir remporté la Coupe du roi, Ronald Koeman, l'entraîneur néerlandais de Valence, est limogé. Les dirigeants espagnols ne l'estiment pas capable d'assurer le maintien de leur club, qui possède seulement deux points d'avance sur la zone de relégation en Liga.

22 Riise relance Chelsea. En demi-finale aller de la Ligue des champions, Chelsea arrache un inespéré match nul à Liverpool grâce à un but contre son camp à la cinquième minute du temps additionnel du Norvégien John Riise, d'une tête plongeante supposée priver Anelka du ballon...

Le doyen revient en L1. Un match nul face à Sedan (0-0) suffit au Havre, leader de L2, pour assurer son accession à la L1 à la saison suivante. Le doyen des clubs français aura passé cinq ans dans l'antichambre de l'élite.

« J'aurais dû démissionner plus tôt. » Alain Cayzac, ancien président du PSG.

24 Saint-Pétersbourg plus solide que prévu. Un penalty de Franck Ribéry en première période n'empêche pas le Zénith Saint-Pétersbourg, bourreau de Marseille au tour précédent, de tenir le Bayern Munich en échec sur sa pelouse, en quarts de finale aller de la Coupe de l'UEFA (1-1).

25 Nantes reprend l'ascenseur. Une saison de purgatoire en L2 aura suffi à Nantes. Les Canaris prennent un point à la Beaujoire face à Montpellier (1-1) et sont assurés de retrouver la L1, où ils avaient passé quarante-quatre années consécutives jusqu'à leur relégation à la fin de saison précédente.

« Je veux tout maîtriser. » Waldemar Kita, président de Nantes.

26 Bordeaux rate le coche. À domicile et face à une équipe de Nice réduite à 10 après une demi-heure, Bordeaux se contente d'un match nul et vierge. Les Girondins manquent l'occasion de revenir à deux points de Lyon, tenu en échec à Gerland par Caen (2-2). Dans le bas du classement, le PSG reprend espoir en battant Auxerre au Parc (3-1).

Bagarre à Stamford Bridge. Dans le match au sommet du championnat anglais, Chelsea s'impose 2-1 à domicile et rejoint Manchester United en tête du classement. Après la rencontre, les Mancuniens effectuent leur décrassage sur la pelouse de Stamford Bridge et sont priés par le personnel local de se déplacer. Le ton monte rapidement et une bagarre éclate entre des employés de Chelsea et plusieurs joueurs des Red Devils dont le Français Patrick Evra. Une enquête est ordonnée par la Fédération britannique.

27 Marseille repasse Nancy. Vainqueur à Monaco avec un excellent Djibril Cissé (3-2), Marseille passe devant Nancy, tenu en échec à Valenciennes (1-1), et reprend la troisième place de L1, qualificative pour le 3e tour préliminaire de la Ligue des champions.

Sagnol craque. Titularisé au poste de milieu droit du Bayern Munich face à Stuttgart (4-1, doublé de Ribéry), Willy Sagnol réclame de jouer latéral droit, son véritable poste, et s'en prend publiquement à Ottmar Hitzfled : « Avec l'entraîneur, nous n'avons quasiment pas de rapports, ça commence à me peser. Il m'a mis dans un trou.»

« Certains joueurs de Monaco n'ont pas le niveau de la L1. » Jean Petit.

28 Clichy et Sagna dans la dream team en Angleterre. Un vote des joueurs de Premier League place les deux latéraux français d'Arsenal, Gaël Clichy et Bakary Sagna, dans l'équipe type du championnat anglais pour la saison 2007-2008. Le Mancunien Cristiano Ronaldo est élu joueur de l'année outre-Manche pour la deuxième fois consécutive.

29 La C1 est anglaise. Un but du vétéran Paul Scholes suffit à Manchester United pour battre Barcelone en demi-finale retour de la Ligue des champions. La finale sera à 100 % anglaise, puisque les Red Devils y retrouveront le vainqueur du duel Chelsea-Liverpool.

Drôle de convalescence pour Ronaldo. Au Brésil pour récupérer de son opération du genou, Ronaldo s'offre les services de trois prostituées et se rend compte une fois à l'hôtel qu'il s'agit de travestis.

Hécatombe à Nancy. Après avoir perdu sur blessure Youssouf Hadji et Kim, ses deux meilleurs buteurs, l'ASNL devra également se passer jusqu'à la fin de la saison de Sébastien Puygrenier, poutre maîtresse de la défense lorraine, victime d'une déchirure à la cuisse gauche. La lutte avec Marseille pour le la 3e place de L1 se complique.

30 Grant fait mieux que Mourinho. Pour la première fois depuis la reprise en main de Chelsea par le milliardaire russe Roman Abramovitch, les Blues se qualifient pour la finale de la Ligue des champions en venant à bout de Liverpool lors de la demi-finale retour (3-2 a.p.). L'entraîneur Avram Grant réussit du premier coup là où son prédécesseur, José Mourinho, avait systématiquement échoué.

Le PSG exclu de la Coupe de la Ligue. Estimant le PSG coupable de complaisance dans l'affaire de la banderole anti-Chtis déployée au Stade de France lors de la finale de la Coupe de la Ligue remportée par les Parisiens contre Lens (2-1), la commission de discipline de la Ligue de football professionnel décide d'exclure le club de la capitale de cette compétition pour la saison 2008-2009. Les dirigeants parisiens font immédiatement appel.

1er Le Bayern prend une gifle. En demi-finale retour de la Coupe de l'UEFA, le Zénith Saint-Pétersbourg crée la surprise en étrillant le Bayern Munich 4-0. Les Bavarois, déjà vainqueurs de la Coupe de la Ligue, de la Coupe d'Allemagne et en passe de s'adjuger la Bundesliga, ne remporteront pas quatre titres cette saison. En finale, le Zénith Saint-Pétersbourg rencontrera les Glasgow Rangers, tombeurs de la Fiorentina aux tirs au but, sans avoir inscrit le moindre but sur l'ensemble des deux rencontres.

2 Le Havre champion de L2. Un match nul 0-0 à Montpellier suffit au Havre pour être sacré champion de L2 deux journées avant la fin de saison. Battu à Ajaccio (1-0), Troyes compromet ses chances de retour en L1, après avoir occupé le trio de tête durant les trois quarts de la saison.

4 Ducasse relance le championnat. Le suspense reste entier pour l'attribution du titre de champion de France après la victoire de Bordeaux à Marseille (2-1), avec un but exceptionnel de Pierre Ducasse dans les derniers instants. À deux journées de la fin, les Girondins reviennent à deux points de Lyon.

Higuain couronne le Real. Le Real Madrid s'impose 2-1 à Osasuna, avec un but inscrit par l'attaquant Gonzalo Higuain à deux minutes de la fin, et s'adjuge sa 31e Liga.

Flamini d'Arsenal au Milan AC. En fin de contrat à Arsenal, le milieu de terrain français Mathieu Flamini, 24 ans, trouve un accord avec le Milan AC et s'engage pour quatre ans.

Et de 21 pour le Bayern ! Un match nul à Wolfsburg suffit au Bayern Munich pour s'adjuger sa 21e Bundesliga. C'est le 5e titre de champion d'Allemagne de Willy Sagnol, le premier pour Franck Ribéry.

5 Henry ne capitule pas. Au crépuscule d'une première saison bien terne avec le FC Barcelone, Thierry Henry annonce qu'il n'entend pas quitter le club espagnol avant le terme de son contrat.

6 La saga Boli continue. Relégable en championnat, le PSG aligne son équipe bis en demi-finale de la Coupe de France et s'impose à Amiens grâce à un but de l'attaquant Yannick Boli, 20 ans. Le neveu de Basile et de Roger Boli qualifie le club parisien pour sa deuxième finale de la saison et espère ainsi se voir offrir un premier contrat professionnel.

Guardiola succèdera à Rijkaard. Grosse agitation au Barça, où l'élimination en demi-finale de la Ligue des champions et la Liga une nouvelle fois perdue au profit du Real Madrid provoquent la colère des Socios. Les dirigeants du club catalan posent la première pierre de leur plan de reconstruction en choisissant Josep Guardiola pour remplacer le Néerlandais Frank Rijkaard à la tête de l'équipe première.

7 Juninho assomme Sedan. Dans la seconde demi-finale de la Coupe de France, Sedan tient longtemps tête à Lyon, jusqu'à ce coup franc de 35 mètres transformé par Juninho à la 88e. Le Brésilien inscrit l'unique but de la rencontre et permet à l'OL de rejoindre le PSG en finale.

11 Dix-septième titre de champion pour MU. Logique vainqueur à Wigan (2-0) lors de la dernière journée de la Premier League, Manchester United conserve deux points d'avance sur Chelsea, tenu en échec par Bolton (1-1), et célèbre son 17e titre de champion d'Angleterre.

Benzema tient son oscar. Lors de la remise des trophées UNFP, Karim Benzema est désigné par ses pairs meilleur joueur de L1.

12 Grenoble quarante-cinq ans après. Un match nul contre Châteauroux (0-0) lors de la 37e journée de L2 suffit à Grenoble pour assurer sa troisième place synonyme de remonter en L1, quarante-cinq ans après avoir quitté l'élite.

Plessis ne fera pas l'année de trop. Président du FC Sochaux depuis 1999, champion de France de L2 en 2001, vainqueur de la Coupe de la Ligue en 2004 et de la Coupe de France en 2007, Jean-Claude Plessis, 64 ans, annonce qu'il quittera son poste à la fin de la saison. Son successeur est Alain Cordier, président du conseil d'administration.

13 Lemerre au Maroc. Après six années passées à la tête de la sélection de Tunisie, Roger Lemerre poursuit son périple africain et remplace Henri Michel au poste d'entraîneur de l'équipe nationale du Maroc. La mission du technicien champion d'Europe avec les Bleus en 2000 : qualifier les Lions de l'Atlas pour la Coupe du monde 2010.

14 Le Zénith donne des regrets à l'OM. Vainqueurs sans bavure des Glasgow Rangers en finale de la Coupe de l'UEFA (2-0), les Russes du Zénith Saint-Pétersbourg n'auront rencontré qu'un seul obstacle sur leur parcours : l'OM, vainqueur 3-1 au Vélodrome en 8es de finale aller avant de s'incliner 0-2 au match retour.

17 Et de sept pour Lyon, Lens en L2. Soirée de folie lors de la 38e et dernière journée de L1. Vainqueur 3-1 à Auxerre, Lyon remporte son 7e titre de champion de France devant Bordeaux, qui tient Lens en échec à Bollaert (2-2) et expédie les Nordistes (18e) en L2. Marseille (4-3 contre Strasbourg), coiffe Nancy (2-3 face à Rennes) pour la 3e place. Saint-Étienne (4-0 contre Monaco) termine cinquième et retrouve l'Europe après vingt-six ans d'absence. Respectivement vainqueur de Sochaux (2-1) et de Valenciennes (2-1), le PSG et Toulouse se sauvent de justesse. 43 buts ont été inscrits dans la soirée.

18 Trezeguet n'est pas dans les 30. Quatre jours après avoir annoncé qu'il communiquerait une liste de 29 joueurs présélectionnés pour l'Euro, Raymond Domenech dévoile finalement les noms des... 30 élus. Le grand absent est David Trezeguet, pourtant deuxième meilleur buteur du championnat d'Italie. Le Stéphanois Bafétimbi Gomis, jamais sélectionné jusque-là, lui a été préféré.

L'Inter contient la Roma. Vainqueur à Parme (2-0) grâce à deux buts d'Ibrahimovic, pendant que l'AS Roma est tenue en échec à Catane (1-1), l'Inter Milan conserve trois points d'avance en tête du championnat d'Italie et remporte son 16e Scudetto, le troisième d'affilée.

21 Anelka sacre Manchester United. Septième joueur de Chelsea à se lancer dans la séance de tirs au but en finale de la Ligue des champions, Nicolas Anelka voit sa tentative repoussée par Van der Saar et permet à Manchester United de remporter la plus prestigieuse compétition européenne pour la troisième fois (1-1 a.p., 6 t.a.b. à 5).

23 Coupet va quitter Lyon. À l'issue du dernier entraînement de l'OL avant la finale de la Coupe de France, Grégory Coupet annonce aux médias du club rhodanien qu'il sera ailleurs à la saison prochaine. Sans savoir s'il portera les couleurs d'un autre club ou mettra, à 35 ans, un terme à sa carrière.

24 Chelsea vire Grant. Finaliste malheureux de la Ligue des champions, de la Coupe de la Ligue anglaise et « seulement » vice-champion d'Angleterre à la tête de Chelsea, l'entraîneur israélien Avram Grant est licencié pour n'avoir remporté aucun trophée de la saison.

Lyon tient son doublé. Pourtant dominé par le PSG, qui s'est procuré les occasions les plus nettes avec notamment deux tirs sur la barre, Lyon s'impose en finale de la Coupe de France grâce à but de Sidney Govou en fin de rencontre (1-0). L'OL réussit son premier doublé Coupe-championnat.

« C'est un joli hold-up. » Grégory Coupet.

25 Les 30 Bleus sont à Tignes. Au lendemain des finales de la Coupe de France et de la Coupe d'Italie, les joueurs de Lyon (Coupet, Toulalan, Govou, Boumsong, Squillaci, Benzema, Clerc, Ben Arfa), du PSG (Landreau), de l'AS Roma (Mexès) et de l'Inter Milan (Vieira) rejoignent à Tignes les autres présélectionnés français pour l'Euro. Raymond Domenech a enfin son groupe de 30 au complet.

26 Wallemme entraînera Lens. Après Daniel Leclercq, c'est au tour de Jean-Guy Wallemme de revenir au RC Lens. L'ancien défenseur et capitaine du club nordiste l'année de son titre de champion en 1998 succède à Jean-Pierre Papin, avec pour mission de faire remonter les Sang et Or de L2 en L1 dès la première saison. Son adjoint est l'ancien défenseur lyonnais Christophe Delmotte.

27 Charles Villeneuve, président du PSG. Nouvelle révolution à Paris. À la surprise générale, Charles Villeneuve, 66 ans, l'ancien directeur des sports de TF1, est nommé président-directeur général du PSG. Pourtant annoncé sur le départ, Paul Le Guen est maintenu dans ses fonctions d'entraîneur.

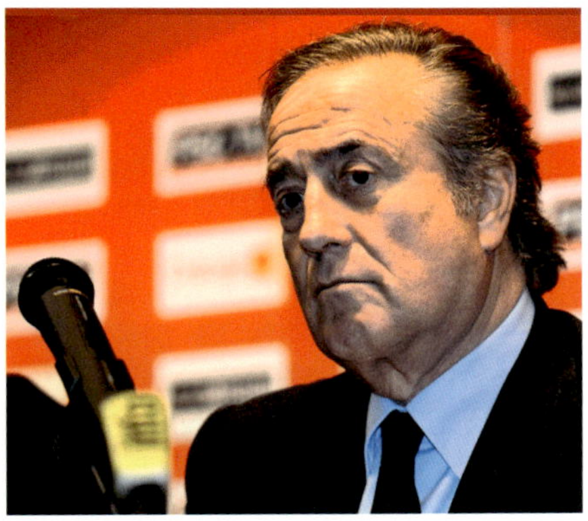

« Villeneuve ? C'est une catastrophe pour le PSG, il ne connaît rien au football. » Thierry Roland.

Gomis fait coup double. Pour sa première sélection en équipe de France, Bafétimbi Gomis, 22 ans, inscrit les deux buts des Bleus en amical face à l'Équateur à Grenoble (2-0) et ce en une seule mi-temps. L'attaquant stéphanois marque des points précieux pour faire partie des vingt-trois à l'Euro.

28 Les surprises de Domenech. Contraint par le règlement de l'UEFA de communiquer sa liste des 23 pour l'Euro avant 14 heures, le sélectionneur des Bleus annonce à sept des trente joueurs réunis à Tignes qu'ils doivent faire leurs valises : Flamini, Mexès, Ben Arfa, A. Diarra et Escudé y étaient préparés. Cissé et Landreau, beaucoup moins. L'attaquant de l'OM et le gardien du PSG cèdent leurs places à Gomis et à Mandanda.

« C'est la plus grosse déception de ma carrière, en même temps que mon plus gros échec. » Mickaël Landreau.

29 Lloris succède à Coupet. Moins de une semaine après l'annonce du départ de Grégory Coupet, les dirigeants de Lyon lui trouvent un successeur. Il s'agit d'Hugo Lloris, le gardien de l'équipe de France espoir et de l'OGC Nice. L'indemnité de transfert avoisine les 10 millions d'euros.

30 Baup remplacé par son adjoint à Toulouse. La 17e place en L1 du TFC n'a pas été du goût du président Olivier Sadran. Elie Baup est remercié par le club toulousain et remplacé par Alain Casanova. Expulsé lors de la 36e journée face au PSG, ce dernier sera suspendu pour son premier match dans ses nouvelles fonctions, contre Lyon en match d'ouverture du championnat 2008-2009.

Quand Eto'o dérape. En quittant une conférence de presse à la veille du match Cameroun–Cap-Vert, Samuel Eto'o blesse d'un coup de tête un journaliste d'une radio de Yaoundé parfois critique à son égard.

Milan prête Gourcuff à Bordeaux. En mal de temps de jeu au Milan AC, le milieu offensif français international espoir Yoann Gourcuff, 21 ans, est prêté à Bordeaux pour un an avec option d'achat.

31 Des promesses, mais pas de but. Pour son deuxième match de préparation à l'Euro, l'équipe de France est tenue en échec 0-0 par le Paraguay à Toulouse. Dans le même temps, la Roumanie, premier adversaire des Bleus lors du championnat d'Europe, étrille le Monténégro 4-0 à Bucarest.

1er Vieira incertain, Flamini revient. Souffrant d'une mystérieuse blessure musculaire, Patrick Vieira est déclaré « très incertain pour le premier match de l'Euro, contre la Roumanie ». Trois jours après avoir quitté les Bleus à Tignes, Mathieu Flamini est rappelé en urgence, au cas où le capitaine de l'équipe de France serait contraint de déclarer forfait.

2 Cristiano Ronaldo s'éloigne du Real. Dans une interview au quotidien espagnol Marca, Ramón Calderón, le président du Real Madrid, annonce : « Faire venir Cristiano Ronaldo est presque impossible. Manchester United a indiqué qu'il ne souhaitait pas le vendre, nous ne devons plus nous faire d'illusions. »

3 Une centième huée. Vainqueur de la Colombie au Stade de France pour son dernier match de préparation à l'Euro (1-0, but de Ribéry sur penalty), l'équipe de France ne rassure pas. Thierry Henry, qui honore sa 100e sélection, est copieusement hué lorsqu'il cède sa place à Anelka.

« Les sifflets, j'ai l'habitude. »
Thierry Henry.

4 Porto exclu de la Ligue des champions ? Reconnu coupable de corruption d'arbitre lors de la saison 2003-2004, le FC Porto est exclu par l'UEFA de la prochaine Ligue des champions. Le club champion du Portugal fait appel.

5 Ronaldo relance le Real. Lassé de voir Manchester s'opposer à son départ au Real Madrid, l'attaquant Portugais Cristiano Ronaldo sort de sa réserve : « J'aimerais beaucoup jouer au Real, mais il faudrait y mettre le prix réclamé par mon club. »

Briand préfère le PSG. Jimmy Briand, l'attaquant de Rennes très convoité en ce début de mercato, avoue sa préférence pour le PSG, qui a transmis au club breton une offre de 8 millions d'euros et au joueur une proposition de contrat de quatre ans.

6 Henry rejoint Vieira à l'infirmerie. Inquiétude à trois jours du match de la France contre la Roumanie. Privés de leur capitaine Patrice Vieira, les Bleus se préparent à évoluer sans Thierry Henry, ménagé en raison d'une légère contracture.

7 Scénario catastrophe pour la Suisse. Lors du match d'ouverture de l'Euro, la Suisse s'incline 0-1 à Bâle, après une stupide erreur de placement de sa défense, et perd pour la suite de la compétition son capitaine et attaquant Alexander Frei, victime d'une rupture partielle des ligaments croisés. Le Portugal réussit son entrée et bat la Turquie 2-0.

8 Vieira reste, Flamini repart. Patrick Vieira n'est toujours pas opérationnel, mais Raymond Domenech décide de conserver son capitaine sans savoir s'il pourra disputer l'Euro. Mathieu Flamini repart en vacances.

L'Autriche, pas mieux que la Suisse. Autre pays organisateur de l'Euro, l'Autriche s'incline contre la Croatie en encaissant un penalty de Modric dès la 4e minute. Dans l'autre match, un doublé de Podolski face à la Pologne permet à l'Allemagne de prendre la tête du groupe B.

9 La France et l'Italie inquiètent. Face au mur défensif roumain, une équipe de France sans inspiration ne trouve pas la faille et se contente d'un 0-0. Dans l'autre match du groupe C, les Pays-Bas, emmenés par un Ruud van Nistelrooy des grands soirs, étrillent l'Italie 3-0.

« Au bout de vingt minutes, j'ai manqué d'air. »
Willy Sagnol.

10 Villa frappe trois fois. Premier match de l'Espagne et premier triplé de l'Euro pour David Villa, bourreau de la Russie (4-1). En grande forme, le Suédois Ibrahimovic lamine la Grèce, tenante du titre et battue d'entrée (2-0).

11 La Suisse dehors. La Suisse est rejointe au score puis battue dans les arrêts de jeu par la Turquie. Le coorganisateur de l'Euro est éliminé avant même son troisième match. Vainqueur de la République tchèque, le Portugal est le premier qualifié pour les quarts de finale.

Séville veut Squillaci. En quête d'un défenseur central de haut niveau, les Espagnols du FC Séville proposent 5 millions d'euros à Lyon pour s'offrir les services de Sébastien Squillaci. Le club septuple champion de France choisit de faire monter les enchères.

12 Papy Vastic. Menée 1-0 par la Pologne jusqu'à la dernière seconde des arrêts de jeu, l'Autriche évite d'être éliminée aussi vite que la Suisse. Ivica Vastic, 38 ans et 9 mois, plus vieux joueur de la compétition, égalise sur penalty juste avant le coup de sifflet final.

13 Les finalistes du Mondial 2006 à l'agonie. Une équipe de France maladroite prend une raclée face aux Pays-Bas (4-1). L'Italie, l'autre finaliste du Mondial 2006, évite l'élimination face à la Roumanie (1-1), grâce à un penalty de Mutu arrêté par Buffon en fin de match.

Benzema n'a pas de prix. Pour décourager le Real Madrid et Barcelone, qui souhaitent s'offrir Karim Benzema, Jean-Michel Aulas, le président de Lyon, se montre ferme : « Même pour 40 ou 50 millions d'euros, Karim n'est pas à vendre. »

14 Chelsea achète Scolari. Luiz Felipe Scolari, le sélectionneur brésilien du Portugal, annonce qu'il entraînera Chelsea à la saison prochaine. Deco, le milieu offensif international lusitano-brésilien de Barcelone, quitte l'Euro pendant une journée pour négocier l'autorisation de suivre son sélectionneur. Il signera pour trois ans à Chelsea.

Viva España ! On n'arrête plus David Villa. Le meilleur réalisateur de l'Euro offre la victoire à l'Espagne face à la Suède en marquant après deux minutes d'arrêt de jeu (2-1).

15 Renversants, ces Turcs ! Menée 2-0 à un quart d'heure de la fin contre la République tchèque, la Turquie s'impose finalement 3-2 et décroche son billet pour les quarts de finale, contre la Croatie.

16 Le missile de Ballack. Dans un match crispé, marqué par l'expulsion des sélectionneurs allemand et autrichien, Michael Ballack délivre la Nationalmannschaft d'un coup franc de 30 m en pleine lucarne. En quart de finale, l'Allemagne retrouvera le Portugal.

17 Le calice jusqu'à la lie. L'équipe de France s'incline 0-2 face à l'Italie après avoir perdu Franck Ribéry, blessé au bout de huit minutes, et Éric Abidal, expulsé pour un tacle par derrière sur Luca Toni dans sa surface. Les Bleus sont éliminés de l'Euro. Lilian Thuram et Claude Makelele annoncent qu'ils prennent leur retraite internationale.

« Je n'ai qu'un seul projet : épouser Estelle. »
Raymond Domenech.

18 Lyon présente Puel. Comme le souhaitait Jean-Michel Aulas, le successeur d'Alain Perrin au poste d'entraîneur de Lyon est Claude Puel, remplacé à Lille par Rudi Garcia, qui quitte son poste au Mans.

19 Pas de grand chelem pour Ronaldo. Vainqueur du championnat d'Angleterre et de la Ligue des champions avec Manchester United, jusqu'alors favori pour l'attribution du Ballon d'or 2008, Cristiano Ronaldo est éliminé en quarts de finale de l'Euro par l'Allemagne (3-2).

Ribéry opéré à Munich. Victime d'un arrachement ligamentaire à la cheville gauche deux jours plus tôt lors de la défaite de l'équipe de France face à l'Italie, Franck Ribéry est opéré avec succès par le médecin du Bayern Munich. Son indisponibilité est estimée à huit semaines.

20 Domenech au parloir. De retour à Paris après le fiasco des Bleus à l'Euro, Raymond Domenech est reçu par Jean-Pierre Escalettes, le président de la FFF, favorable à l'idée de ne pas changer de sélectionneur. À distance, Patrick Vieira et Franck Ribéry font également savoir qu'ils soutiennent l'entraîneur controversé des Bleus. Les champions du monde 1998, eux, mettent en avant la candidature de Didier Deschamps.

Nouveau miracle turc. Aucun but dans le quart de finale Croatie–Turquie jusqu'à l'ouverture du score de Klasnic à la 119e. On croit l'affaire entendue, mais Semih Sentürk égalise à la dernière seconde de la prolongation. Les Turcs se qualifient aux tirs au but pour leur première demi-finale dans un Euro.

21 Éblouissant Archavine. Lors du match le plus enjoué de l'Euro, la Russie élimine les Pays-Bas 3-1 après prolongation. Un homme ressort du collectif impressionnant dirigé par Guus Hiddink : Andrei Archavine, 27 ans, milieu offensif de poche, buteur, passeur, dribbleur. Exceptionnel !

22 Les champions du monde au tapis. Lors d'un quart de finale sans vie, l'Espagne bat l'Italie aux tirs au but. Les champions du monde, derniers rescapés du groupe C, dit « de la mort », sont éliminés.

« Didier Deschamps serait légitime s'il prenait la succession du sélectionneur. »
Zinédine Zidane.

23 Nasri est Gunner. Samir Nasri quitte officiellement Marseille et s'engage pour quatre ans avec Arsenal. Coût de l'opération : près de 17 millions d'euros.

Déjà la rentrée en L1. Quatre clubs de Ligue reprennent l'entraînement : Nantes, Nancy, Lorient et Rennes.

25 L'Allemagne arrête la Turquie. Privée de huit joueurs, blessés ou suspendus, la Turquie croit à un nouveau miracle en égalisant à 2-2 en demi-finale de l'Euro face à l'Allemagne. Mais Philipp Lahm inscrit à la dernière minute le but qui qualifie la Nationalmannschaft pour la finale.

26 Thuram a mal au cœur. Une anomalie cardiaque est décelée chez Lilian Thuram lors d'une visite médicale, alors qu'il devait s'engager le lendemain avec le PSG. Le recordman de sélections chez les Bleus doit attendre un mois et les résultats de nouveaux examens pour décider s'il met un terme à sa carrière, à 36 ans.

L'Espagne balaye la Russie. Le choc annoncé accouche d'un match à sens unique. Méconnaissables, les Russes sont balayés 3-0 par l'Espagne, qui accède à sa première finale depuis l'Euro 1984.

27 Ben Arfa veut sa prime. Le transfert d'Hatem Ben Arfa coince pour des histoires de gros sous. L'attaquant lyonnais réclame une prime de 1,5 million d'euros qui lui serait due contractuellement en cas de transfert. Ni Lyon, qui souhaite boucler l'opération avant le 30 juin pour raison comptable, ni l'OM ne souhaitent s'acquitter de cette somme.

29 L'Espagne quarante-quatre ans après. En finale de l'Euro, à Vienne, l'Espagne bat l'Allemagne 1-0 grâce à un but de Fernando Torres et inscrit une deuxième ligne à son palmarès, quarante-quatre ans après sa victoire lors du championnat d'Europe 1964.

« C'est le plus beau jour de ma vie ! »
Cesc Fabregas.

30 Ben Arfa est marseillais. L'intervention de la commission juridique de la Ligue permet de mettre d'accord l'OM, Lyon et Hatem Ben Arfa. L'attaquant de 21 ans est marseillais.

Xavi Hernandez élu meilleur joueur. Un jury de techniciens réuni par l'UEFA désigne Xavi Hernandez, 28 ans, le milieu de terrain de l'Espagne et du Barça, auteur de la passe décisive en finale pour Fernando Torres, meilleur joueur de l'Euro.

RESULTATS

CHAMPIONNATS D'EUROPE DES NATIONS

(Suisse et Autriche du 7 au 29 juin 2008)

PREMIER TOUR

GROUPE A

Le 7 juin à Bâle
Suisse-RÉPUBLIQUE TCHÈQUE 0-1 (0-0)
But : Sverkos (70e)
Suisse : Benaglio - Lichtsteiner (Vonlanthen, 75e), Müller, Senderos, Magnin - Behrami (Derdiyok, 84e), Fernandes, Inler, Barnetta - Frei (cap., puis H. Yakin, 46e), Streller. Ent. : Kuhn
République Tchèque : Cech - Grygera, Ujfalusi (cap.), Rozehnal, Jankulovski - Sionko (Vlcek, 83e), Polak, Galasek, Jarolim (Ra. Kovac, 87e), Plasil - Koller (Sverkos, 56e). Ent. : Brückner

Le 7 juin à Genève
PORTUGAL-Turquie 2-0 (0-0)
Buts : Pepe (61e), Raul Meireles (90e + 3)
Portugal : Ricardo - Bosingwa, Pepe, Ricardo Carvalho, Paulo Ferreira - Joao Moutinho, Petit, Deco (Fernando Meira, 90e + 2) - Cristiano Ronaldo, Nuno Gomes (cap., puis Nani, 69e), Simao (Raul Meireles, 83e). Ent. : Scolari
Turquie: Demirel - Ham. Altintop (Sentürk, 76e), Servet, Zan (Emre Asik, 55e), Balta - Erding (Sarioglu, 46e), Kazim Kazim, Aurelio, Emre Belözöglu (cap.), Tuncay – Nihat. Ent. : Terim

Le 11 juin à Genève
République Tchèque-PORTUGAL 1-3 (1-1)
Buts : République Tchèque : Sionko (17e) ; Portugal : Deco (8e), Cristiano Ronaldo (63e), Quaresma (90e + 1)
République Tchèque : Cech - Grygera, Ujfalusi (cap.), Rozehnal, Jankulovski - Galasek (Koller, 73e) - Sionko, Matejovsky (Vlcek, 68e), Polak, Plasil (Jarolim, 85e) – Baros. Ent. : Brückner
Portugal : Ricardo - Bosingwa, Pepe, Ricardo Carvalho, Paulo Ferreira - Petit, Joao Moutinho (Fernando Meira, 75e), Deco - Cristiano Ronaldo, Nuno Gomes (cap., puis Hugo Almeida, 80e), Simao (Quaresma, 80e). Ent. : Scolari

Le 11 juin à Bâle
Suisse-TURQUIE 1-2 (1-0)
Buts : Suisse : H. Yakin (32e) ; Turquie : Semih (57e), Turan (90e+2)
Suisse : Benaglio - Lichtsteiner, Müller, Senderos, Magnin (cap.) - Behrami, Fernandes (R. Cabanas, 76e), Inler, Barnetta (Vonlanthen, 66e) - H. Yakin (Gygax, 85e) – Derdiyok. Ent. : Kuhn
Turquie : Volkan - Hamit Altintop, Emre Asik, Servet, Balta - Karadeniz (Semih, 46e), Aurelio, Metin (Topal, 46e), Turan - Nihat (cap.) (Kazim, 85e), Tuncay. Ent. : Terim

Le 15 juin à Bâle
SUISSE-Portugal 2-0 (0-0)
Buts : H. Yakin (71e, 83e s.p.)
Suisse : Zuberbühler - Lichtsteiner, Müller, Senderos, Magnin (cap.) - Behrami, Fernandes, Inler, Vonlanthen (Barnetta, 61e) - H. Yakin (R. Cabanas, 86e), Derdiyok. Ent. : Kuhn
Portugal : Ricardo - Miguel, Pepe, Bruno Alves, Paulo Ferreira (Jorge Ribeiro, 41e) - Fernando Meira (cap.), Veloso (Joao Moutinho, 71e), Raul Meireles - Quaresma, Helder Postiga (Hugo Almeida, 74e), Nani. Ent. : Scolari

Le 15 juin à Genève
TURQUIE-République Tchèque 3-2 (0-1)
Buts : Turquie : Turan (75e), Nihat (87e, 89e) ; République Tchèque : Koller (34e), Plasil (62e)
Turquie : Volkan - Hamit Altintop, Emre Güngör (Emre Asik, 63e), Servet, Balta - Topal (Kazim, 57e), Aurelio, Turan, Tuncay - Nihat (cap.), Semih (Sabri, 46e). Ent. : Terim
République Tchèque : Cech - Grygera, Ujfalusi (cap.), Rozehnal, Jankulovski - Galasek - Sionko (Vlcek, 84e), Matejovsky (Jarolim, 39e), Polak, Plasil (Kadlec, 80e) – Koller. Ent. : Brückner

Classement : 1. Portugal, 6 pts ; 2. Turquie, 6 pts ; 3. République Tchèque, 3 pts ; 4. Suisse, 3 pts

GROUPE B

Le 8 juin à Vienne
Autriche-CROATIE 0-1 (0-1)
But : Modric (4e, s.p.)
Autriche : Macho - Prödl, Pogatetz, Stranzl - Standfest, Aufhauser, Ivanschitz (cap.), Säumel (Vastic, 61e), Gercaliu (Korkmaz, 69e) - Harnik, Linz (Kienast, 74e). Ent. : Hickersberger
Croatie : Pletikosa - Corluka, R. Kovac, Simunic, Pranjic - Srna, Modric, N. Kovac (cap.), Kranjcar (Knezevic, 62e) - Olic (Vukojevic, 83e), Petric (Budan, 72e). Ent. : Bilic

Le 8 juin à Klagenfurt
ALLEMAGNE-Pologne 2-0 (1-0)
Buts : Podolski (20e, 72e)
Allemagne : Lehmann - Lahm, Mertesacker, Metzelder, Jansen - Fritz (Schweinsteiger, 55e), Ballack (cap.), Frings, Podolski - Klose (Kuranyi, 90e + 1), Gomez (Hitzlsperger, 75e). Ent. : Löw
Pologne : Boruc - Wasilewski, Mi. Zewlakow, Bak, Golanski (Saganowski, 75e) - Lobodzinski (Piszczek, 65e), Dudka, Lewandowski, Krzynowek - Smolarek, Zurawski (cap., puis Guerreiro, 46e). Ent. : Beenhakker

Le 12 juin à Klagenfurt
CROATIE-Allemagne 2-1 (1-0)
Buts : Croatie : Srna (24e), Olic (62e) ; Allemagne : Podolski (79e)
Croatie : Pletikosa - Corluka, R. Kovac, Simunic, Pranjic - Srna (Leko, 80e), N. Kovac (cap.), Kranjcar (Knezevic, 85e), Modric, Rakitic - Olic (Petric, 72e). Ent. : Bilic
Allemagne : Lehmann - Lahm, Metzelder, Mertesacker, Jansen (Odonkor, 46e) - Fritz (Kuranyi, 82e), Frings, Ballack (cap.), Podolski - Gomez (Schweinsteiger, 65e), Klose. Ent. : Löw

Le 12 juin à Vienne
Autriche-Pologne 1-1 (0-0)
Buts : Autriche : Vastic (90e + 3 s.p.) ; Pologne : Guerreiro (30e)
Autriche : Macho - Garics, Prödl, Stranzl, Pogatetz - Leitgeb, Aufhauser (Säumel, 74e), Ivanschitz (cap.) (Vastic, 64e), Korkmaz - Harnik, Linz (Kienast, 64e). Ent. : Hickersberger
Pologne : Boruc - Wasilewski, Jop (Golanski, 46e), Bak (cap.), Mi. Zewlakow - Dudka, Lewandowski, Guerreiro (Murawski, 85e), Krzynowek - Saganowski (Lobodzinski 83), Smolarek. Ent. : Leo Beenhakker

Le 16 juin à Klagenfurt
Pologne-CROATIE 0-1 (0-0)
But : Klasnic (53e)
Pologne : Boruc - Wasilewski, Mi. Zewlakow (cap.), Dudka, Wawrzyniak - Murawski, Lewandowski (Kokoszka, 46e) - Lobodzinski (Smolarek, 55e), Guerreiro, Krzynowek - Saganowski (Zahorski, 69e). Ent. : Beenhakker
Croatie : Runje - Simic (cap.), Vejic, Knezevic (Corluka, 26e), Pranjic - Leko, Vukojevic, Pokrivac, Rakitic - Klasnic (Kalinic, 75e), Petric (Kranjcar, 75e). Ent. : Bilic

Le 16 juin à Vienne
Autriche-ALLEMAGNE 0-1 (0-0)
But : Ballack (49e)
Autriche : Macho - Garics, Stranzl, Hiden (Leitgeb, 55e), Pogatetz - Aufhauser (Säumel, 63e) - Harnik (Kienast, 67e), Ivanschitz (cap.), Korkmaz, Fuchs – Hoffer. Ent. : Hickersberger
Allemagne : Lehmann - A. Friedrich, Mertesacker, Metzelder, Lahm - Fritz (Borowski, 90e + 3),

Frings, Ballack (cap.), Podolski (Neuville, 83e) - Gomez (Hitzlsperger, 60e), Klose. Ent. : Löw

Classement : 1. Croatie, 9 pts ; 2. Allemagne, 6 pts ; 3. Autriche, 1 pt ; 4. Pologne, 1 pt

GROUPE C

Le 9 juin à Zurich
Roumanie-France 0-0
Spectateurs : environ 30 000
Arbitre : M. Gonzalez (Esp)
Roumanie : Lobont - Contra, Tamas, Goian, Rat - Cocis (Codrea, 64e), Radoi (Dica, 90e+3), Chivu (cap.) - Nicolita, D. Niculae, Mutu (M. Niculae, 79e). Ent. : Victor Piturca
France : Coupet - Sagnol, Thuram (cap.), Gallas, Abidal - Ribéry, Makelele, Toulalan, Malouda - Anelka (Gomis, 72e), Benzema (Nasri, 78e). Ent. : Domenech

Le 9 juin à Berne
PAYS-BAS–Italie 3-0 (2-0)
Spectateurs : 30 777
Arbitre : M. Fröjdfeldt (Suè)
Buts : Van Nistelrooy (26e), Sneijder (31e), Van Bronckhorst (79e)
Pays-Bas : van der Sar (cap.) - Ooijer, Boulahrouz (Heitinga, 77e), Mathijsen, Van Bronckhorst - de Jong, Engelaar - Kuyt (Afellay, 81e), Van der Vaart, Sneijder - Van Nistelrooy (Van Persie, 70e). Ent. : van Basten
Italie : Buffon (cap.) - Panucci, Barzagli, Materazzi (Grosso, 55e), Zambrotta - Ambrosini, Pirlo, Gattuso - Camoranesi (Cassano, 75e), Di Natale (Del Piero, 64e) – Toni. Ent. : Donadoni

Le 13 juin à Zurich
Italie-Roumanie 1-1 (0-0)
Spectateurs : 30 000
Arbitre : M. Henning Ovrebo (Nor)
Buts : Italie : Panucci (56e) ; Roumanie: Mutu (55e)
Italie : Buffon - Zambrotta, Panucci, Chiellini, Grosso - Pirlo, De Rossi, Camoranesi (Ambrosini, 85e), Perrotta (Cassano, 58e) - Toni, Del Piero (cap., puis Quagliarella, 77e). Ent. : Donadoni
Roumanie : Lobont - Contra, Tamas, Goian, Rat - Petre (Nicolita, 60e), Radoi (Dica, 25e), Codrea, Chivu (cap.) - D. Niculae, Mutu (Cocis, 88e). Ent. : Piturca

Le 13 juin à Berne
PAYS-BAS–France 4-1 (1-0)
Spectateurs : environ 32 000
Arbitre : M. Fandel (All)
Buts : Pays-Bas : Kuyt (9e), Van Persie (59e), Robben (72e), Sneijder (90e+2) ; France : Henry (71e)
Pays-Bas : van der Sar (cap.) - Boulahrouz, Ooijer, Mathijsen, Van Bronckhorst - de Jong, Engelaar (Robben, 46e) - Kuyt (Van Persie, 56e), Van der Vaart (Bouma, 78e), Sneijder - Van Nistelrooy. Ent. : van Basten
France : Coupet - Sagnol, Thuram (cap.), Gallas, Evra - Toulalan, Makelele - Govou (Anelka, 75e), Ribéry, Malouda (Gomis, 60e) – Henry. Ent. : Domenech

Le 17 juin à Berne
PAYS-BAS–Roumanie 2-0 (0-0)
Spectateurs : environ 32 000
Arbitre : M. Busacca (Sui)
Buts : Huntelaar (54e), Van Persie (87e)
Pays-Bas : Stekelenburg - Boulahrouz (Melchiot, 58e), Heitinga (cap.), Bouma, de Cler - de Zeeuw, Engelaar - Afellay, Van Persie, Robben (Kuyt, 61e) - Huntelaar (Vennegoor of Hesselink, 83e). Ent. : van Basten
Roumanie : Lobont - Contra, Tamas, Ghionea, Rat - Cocis, Codrea (Dica, 72e), Chivu (cap.) - Nicolita (Petre, 82e), M. Niculae (D. Niculae, 59e), Mutu. Ent. : Piturca

Le 17 juin à Zurich
France-ITALIE 0-2 (0-1)
Spectateurs : 30 000
Arbitre : M. Michel (Slq)
Buts : Pirlo (25e, s.p.), De Rossi (62e)
France : Coupet - Clerc, Gallas, Abidal (expulsé, 24e), Evra - Govou (Anelka, 66e), Toulalan, Makelele, Ribéry (Nasri, 10e, puis Boumsong, 26e) - Benzema, Henry (cap.). Ent. : Domenech
Italie : Buffon (cap.) - Zambrotta, Panucci, Chiellini, Grosso - Gattuso (Aquilani, 82e), De Rossi, Pirlo (Ambrosini, 55e) - Perrotta (Camoranesi, 64e) - Toni, Cassano. Ent. : Donadoni

Classement : 1. Pays-Bas, 9 pts ; 2. Italie, 4 pts ; 3. Roumanie, 2 pts ; 4. France, 1 pt

GROUPE D

Le 10 juin à Innsbruck
ESPAGNE-Russie 4-1 (2-0)
Spectateurs : environ 30 000
Arbitre : M. Plautz (Aut)
Buts : Espagne : Villa (20e, 44e, 75e), Fabregas (90e + 1) ; Russie: Pavlyuchenko (86e)
Espagne : Casillas (cap.) - Sergio Ramos, Marchena, Puyol, Capdevila - Iniesta (Cazorla, 63e), Marcos Senna, Xavi, Silva (Xabi Alonso, 78e) - Villa, Torres (Fabregas, 54e). Ent. : Luis Aragonés
Russie : Akinfeev - Anyukov, Shirokov, Kolodin, Zhirkov - Zyryanov, Semak (cap.) - Semshov (Torbinski 57e), Sychev (Bystrov 46e, Adamov 70e), Bilyaletdinov – Pavlyuchenko. Ent. : Hiddink

Le 10 juin à Salzbourg
Grèce-SUÈDE 0-2 (0-0)
Spectateurs : 31 063
Arbitre : M. Busacca (Sui)
Buts : Ibrahimovic (67e), Hansson (72e)
Grèce : Nikopolidis - Antzas, Dellas (Amanatidis, 70e), Kyrgiakos - Seitaridis, Katsouranis, Karagounis, Basinas (cap.), Torosidis - Charisteas, Gekas (Samaras 46e). Ent. : Rehhagel
Suède : Isaksson - Alexandersson (Stoor 74e), Mellberg, Hansson, Nilsson - Wilhelmsson (Rosenberg 78e), A. Svensson, D. Andersson, Ljungberg (cap.) - H. Larsson, Ibrahimovic (Elmander 71e). Ent. : Lagerbäck

Le 14 juin à Innsbruck
Suède-ESPAGNE 1-2 (1-1)
Spectateurs : environ 30 000
Arbitre : M. Vink (P-B)
Buts : Suède: Ibrahimovic (34e) ; Espagne: Torres (15e), Villa (90e + 2)
Suède : Isaksson - Stoor, Mellberg, Hansson, Nilsson - Elmander (S. Larsson, 79e), A. Svensson, D. Andersson, Ljungberg (cap.) - H. Larsson (Källström, 87e), Ibrahimovic (Rosenberg, 46e). Ent. : Lagerbäck
Espagne : Casillas (cap.) - Sergio Ramos, Puyol (Albiol, 24e), Marchena, Capdevila - Iniesta (Cazorla, 59e), Marcos Senna, Xavi (Fabregas, 58e), Silva - Villa, Torres. Ent. : Aragonés

Le 14 juin à Salzbourg
Grèce-RUSSIE 0-1 (0-1)
Spectateurs : 31 063
Arbitre : M. Rosetti (Ita)
But : Zyryanov (33e)
Grèce : Nikopolidis - Seitaridis (Karagounis, 40e), Dellas, Kyrgiakos, Torosidis - Katsouranis, Basinas (cap.), Patsatzoglou - Charisteas, Liberopoulos (Gekas, 61e), Amanatidis (Giannakopoulos, 80e). Ent. : Rehhagel
Russie : Akinfeev - Anyukov, Kolodin, Ignashevich, Zhirkov (V. Berezutski, 87e) - Semak (cap.) - Torbinski, Zyryanov, Semshov, Bilyaletdinov (Saenko, 70e) – Pavlyuchenko. Ent. : Hiddink

Le 18 juin à Salzbourg
Grèce-ESPAGNE 1-2 (1-0)
Spectateurs : environ 30 000
Arbitre : M. Webb (Ang)
Buts : Grèce : Charisteas (42e) ; Espagne : De la Red (61e), Güiza (88e)
Grèce : Nikopolidis (cap.) - Vyntra, Kyrgiakos (Antzas, 62e), Dellas, Spiropoulos - Basinas, Karagounis (Tziolis, 74e), Katsouranis - Salpingidis (Giannakopoulos, 86e), Charisteas, Amanatidis. Ent. : Rehhagel
Espagne : Reina - Arbeloa, Albiol, Juanito, Fernando Navarro - Sergio Garcia, de la Red, Xabi Alonso (cap.), Iniesta (Cazorla, 58e) - Fabregas – Güiza. Ent. : Aragonés

Le 18 juin à Innsbruck
RUSSIE-Suède 2-0 (1-0)
Spectateurs : environ 30 000
Arbitre : M. de Bleeckere (Bel)
Buts : Pavlyuchenko (24e), Arshavin (50e)
Russie : Akinfeev - Anyukov, Ignashevich, Kolodin, Zhirkov - Semak (cap.) - Zyryanov, Semshov, Arshavin, Bilyaletdinov (Saenko, 66e) - Pavlyuchenko (Bystrov, 90e). Ent. : Hiddink
Suède : Isaksson - Stoor, Mellberg, Hansson, Nilsson (Allbäck, 79e) - Elmander, D. Andersson (Källström, 56e), A. Svensson, Ljungberg (cap.) - H. Larsson, Ibrahimovic. Ent. : Lagerbäck

Classement : 1. Espagne, 9 pts ; 2. Russie, 6 pts ; 3. Suède, 3 pts ; 4. Grèce, 0 pt

QUARTS DE FINALE

Le 19 juin à Bâle
Portugal-ALLEMAGNE 2-3 (1-2)
Spectateurs : 39 374
Arbitre : M. Fröjdfeldt (Suè)
Buts : Portugal : Nuno Gomes (40e), Helder Postiga (87e) ; Allemagne : Schweinsteiger (22e), Klose (26e), Ballack (61e)
Portugal : Ricardo - Bosingwa, Pepe, Ricardo Carvalho, Paulo Ferreira - Petit (Helder Postiga, 73e), Joao Moutinho (Raul Meireles, 31e) - Cristiano Ronaldo, Deco, Simao - Nuno Gomes (cap., puis Nani, 67e). Ent. : Scolari
Allemagne : Lehmann - A. Friedrich, Mertesacker, Metzelder, Lahm - Schweinsteiger (Fritz, 83e), Rolfes, Ballack (cap.), Hitzlsperger (Borowski, 73e) - Podolski, Klose (Jansen, 89e). Ent. : Flick

Le 20 juin à Vienne
Croatie-TURQUIE 1-1 a.p., 1 t.a.b. à 3
Spectateurs : environ 50 000
Arbitre : M. Rosetti (Ita)
Buts : Croatie : Klasnic (119e) ; Turquie : Semih (120e+2)
Tirs au but : Croatie : réussi par Srna, manqués par Modric, Rakitic et Petric ; Turquie : réussis par Arda, Semih et Hamit Altintop
Croatie : Pletikosa - Corluka, R. Kovac, Simunic, Pranjic - Srna, N. Kovac (cap.), Modric, Rakitic - Kranjcar (Petric, 65e) - Olic (Klasnic, 97e). Ent. : Bilic
Turquie : Rüstu - Hamit Altintop, Zan, Asik, Balta - Topal (Semih, 76e) - Sabri, Tuncay, Arda - Kazim (Boral, 61e), Nihat (cap., puis Karadeniz, 117e). Ent. : Terim

Le 21 juin à Bâle
Pays-Bas-RUSSIE 1-3 a.p. (0-0, 1-1)
Buts : Pays-Bas : Van Nistelrooy (86e) ; Russie : Pavlyuchenko (56e), Torbinski (112e), Arshavin (116e)
Pays-Bas : Van der Sar (cap.) - Boulahrouz (Heitinga, 54e), Ooijer, Mathijsen, Van Bronckhorst - de Jong, Engelaar (Afellay, 62e) - Kuyt (van Persie, 46e), Van der Vaart, Sneijder - Van Nistelrooy. Ent. : van Basten
Russie : Akinfeev - Anyukov, Ignashevich, Kolodin, Zhirkov - Semak (cap.) - Zyryanov, Semshov (Bilyaletdinov, 69e), Arshavin, Saenko (Torbinski, 81e) - Pavlyuchenko (Sychev, 115e). Ent. : Hiddink

Le 22 juin à Vienne
ESPAGNE-Italie 0-0 a.p., 4 t..b. à 2
Tirs au but : Espagne : réussis par Villa, Cazorla, Marcos Senna et Fabregas, manqué par Güiza ; Italie : réussis par Grosso et Camoranesi, manqués par De Rossi et Di Natale
Espagne : Casillas (cap.) - Sergio Ramos, Marchena, Puyol, Capdevila - Iniesta (Cazorla, 59e), Marcos Senna, Xavi (Fabregas, 60e), Silva - Villa, Torres (Güiza, 85e). Ent. : Aragonés
Italie : Buffon (cap.) - Zambrotta, Panucci, Chiellini, Grosso - Aquilani (Del Piero, 108e), De Rossi, Ambrosini - Perrotta (Camoranesi, 58e) - Toni, Cassano (Di Natale, 75e). Ent. : Donadoni

DEMI-FINALES

Le 25 juin à Bâle
ALLEMAGNE-Turquie 3-2 (1-1)
Buts : Allemagne : Schweinsteiger (26e), Klose (79e), Lahm (90e) ; Turquie : Ugur Boral (22e), Semih (86e)
Allemagne : Lehmann - A. Friedrich, Mertesacker, Metzelder, Lahm - Hitzlsperger, Rolfes (Frings, 46e) - Schweinsteiger, Ballack (cap.), Podolski - Klose (Jansen, 90e+2). Ent. : Löw
Turquie: Rüstu (cap.) - Sabri, Topal, Zan, Balta - Aurelio - Kazim (Metin, 90e + 2), Hamit Altintop, Ayhan (Erding, 81e), Boral (Karadeniz, 84e) – Semih. Ent. : Fatih Terim

Le 26 juin à Vienne
Russie-ESPAGNE : 0-3 (0-0)
Buts : Xavi (50e), Güiza (73e), Silva (82e)
Russie : Akinfeev - Anyukov, V. Berezutski, Ignashevich, Zhirkov - Zyryanov, Semshov (Bilyaletdinov, 56e), Semak (cap.), Saenko (Sychev, 57e) - Arshavin, Pavlyuchenko. Ent. : Hiddink (P-B)
Espagne : Casillas (cap.) - Sergio Ramos, Marchena, Puyol, Capdevila - Iniesta, Marcos Senna, Xavi (Xabi Alonso, 69e), Silva - Villa (Fabregas, 34e), Torres (Güiza, 69e). Ent. : Aragonés

FINALE

Le 29 juin à Vienne
Allemagne-ESPAGNE 0-1 (0-1)
But : Fernando Torres (33e)
Allemagne: Lehmann - A. Friedrich, Mertesacker, Metzelder, Lahm (Jansen, 46e) - Frings, Hitzlsperger (Kuranyi, 58e) - Schweinsteiger, Ballack (cap.), Podolski - Klose (Gomez, 79e). Ent. : Löw
Espagne : Casillas (cap.) - Sergio Ramos, Marchena, Puyol, Capdevila - Marcos Senna - Iniesta, Xavi, Fabregas (Xabi Alonso, 63e), Silva (Cazorla, 66e) - Torres (Güiza, 78). Ent. : Aragonés

CLASSEMENT DES BUTEURS

1. Villa (Espagne), 4 buts
2. Pavlyuchenko (Russie), Podolski (Allemagne), Semih Sentürk (Turquie), et H. Yakin (Suisse), 3 buts

CLASSEMENT DES PASSEURS

1. Derdiyok (Suisse), Fabregas (Espagne), Hamit Altintop (Turquie), Iniesta (Espagne), Kuyt (Pays-Bas), Podolski (Allemagne), Pranjic (Croatie), Schweinsteiger (Allemagne), Semak (Russie), Silva (Espagne), Sneijder (Pays-Bas), 2 passes décisives

MEILLEUR JOUEUR DE L'EURO
Xavi Hernández (Espagne)

LE PALMARÈS

1960 : Union soviétique
1964 : Espagne
1968 : Italie
1972 : Allemagne
1976 : Tchécoslovaquie
1980 : Allemagne
1984 : France
1988 : Pays-Bas
1992 : Danemark
1996 : Allemagne
2000 : France
2004 : Grèce
2008 : Espagne

ÉLIMINATOIRES DE L'EURO 2008

GROUPE A

Belgique-Kazakhstan : 0-0
Serbie-Azerbaïdjan : 1-0
Pologne-Finlande : 1-3
Azerbaïdjan-Kazakhstan : 1-1
Finlande-Portugal : 1-1
Pologne-Serbie : 1-1
Arménie-Belgique : 0-1
Kazakhstan-Pologne : 0-1
Arménie-Finlande : 0-0
Serbie-Belgique : 1-0
Portugal-Azerbaïdjan : 3-0
Kazakhstan-Finlande : 0-2
Serbie-Arménie : 3-0
Pologne-Portugal : 2-1
Belgique-Azerbaïdjan : 3-0
Finlande-Arménie : 1-0
Belgique-Pologne : 0-1
Portugal-Kazakhstan : 3-0
Kazakhstan-Serbie : 2-1
Pologne-Azerbaïdjan : 5-0
Portugal-Belgique : 4-0
Azerbaïdjan-Finlande : 1-0
Pologne-Arménie : 1-0
Serbie-Portugal : 1-1
Kazakhstan-Arménie : 1-2
Azerbaïdjan-Pologne : 1-3
Finlande-Serbie : 0-2
Belgique-Portugal : 1-2
Kazakhstan-Azerbaïdjan : 1-1
Finlande-Belgique : 2-0
Arménie-Pologne : 1-0

Classement : 1. Pologne, 28 pts ; 2. Portugal, 27 pts ; 3. Serbie, 24 pts ; 4. Finlande, 24 pts ; 5. Belgique, 18 pts ; 6. Kazakhstan, 10 pts ; 7. Arménie, 9 pts ; 8. Azerbaïdjan, 5 pts

Qualifiés pour l'Euro : Pologne et Portugal

GROUPE B

Îles Féroé-Géorgie : 0-6
Écosse-Îles Féroé : 6-0
Géorgie-France : 0-3
Italie-Lituanie : 1-1
Lituanie-Écosse : 1-2
Ukraine-Géorgie : 3-2
France-Italie : 3-1
Îles Féroé-Lituanie : 0-1
Écosse-France : 1-0
Italie-Ukraine : 2-0
Ukraine-Écosse : 2-0
Géorgie-Italie : 1-3
France-Îles Féroé : 5-0
Écosse-Géorgie : 2-1
Îles Féroé-Ukraine : 0-2
Lituanie-France : 0-1
Ukraine-Lituanie : 1-0
Géorgie-Îles Féroé : 3-1
Italie-Écosse : 2-0
Îles Féroé-Italie : 1-2
Lituanie-Géorgie : 1-0
France-Ukraine : 2-0
France-Géorgie : 1-0
Lituanie-Italie : 0-2
Îles Féroé-Écosse : 0-2

Classement : 1. Italie, 29 pts ; 2. France, 26 pts ; 3. Écosse, 24 pts ; 4. Ukraine, 17 pts ; 5. Lituanie, 16 pts ; 6. Géorgie, 10 pts ; 7. Îles Féroé, 0 pt

Qualifiés pour l'Euro : Italie et France

GROUPE C

Malte-Bosnie-Herzégovine : 2-5
Hongrie-Norvège : 1-4
Moldavie-Grèce : 0-1
Norvège-Moldavie : 2-0
Bosnie-Herzégovine - Hongrie : 1-3
Turquie-Malte : 2-0
Moldavie-Bosnie-Herzégovine : 2-2
Hongrie-Turquie : 0-1
Grèce-Norvège : 1-0
Malte-Hongrie : 2-1
Turquie-Moldavie: 5-0
Bosnie-Herzégovine - Grèce : 0-4
Moldavie-Malte : 1-1
Norvège-Bosnie-Herzégovine : 1-2
Grèce-Turquie : 1-4
Hongrie-Moldavie : 2-0
Malte-Grèce : 0-1
Turquie-Norvège : 2-2
Grèce-Hongrie : 2-0
Norvège-Malte : 4-0
Bosnie-Herzégovine - Turquie : 3-2
Bosnie-Herzégovine - Malte : 1-0
Norvège-Hongrie : 4-0
Grèce-Moldavie : 2-1

Classement : 1. Grèce, 31 pts ; 2. Turquie, pts ; 3. Norvège, 23 pts ; 4. Bosnie-Herzégovine, 13 pts ; 5. Moldavie, 12 pts ; 6. Hongrie, 12 pts ; 7. Malte, 5 pts

Qualifiés pour l'Euro : Grèce et Turquie

GROUPE D

Slovaquie-Chypre : 6-1
République Tchèque-Pays de Galles : 2-1
Allemagne-Irlande : 1-0
Saint-Marin-Allemagne : 0-13
Slovaquie-République Tchèque : 0-3
Pays de Galles-Slovaquie : 1-5
République Tchèque-Saint-Marin : 7-0
Chypre-Irlande : 5-2
Irlande-République Tchèque : 1-1
Slovaquie-Allemagne : 1-4
Pays de Galles-Chypre : 3-1
Irlande-Saint-Marin : 5-0
Chypre-Allemagne : 1-1
Saint-Marin-Irlande : 1-2
Irlande-Pays de Galles : 1-0
Chypre-Slovaquie : 1-3
République Tchèque-Allemagne : 1-2
République Tchèque-Chypre : 1-0
Irlande-Slovaquie : 1-0
Pays de Galles-Saint-Marin : 3-0
Pays de Galles-République Tchèque : 0-0
Allemagne-Saint-Marin : 6-0
Allemagne-Slovaquie : 2-1

Classement : 1. République Tchèque, 29 pts ; 2. Allemagne, 26 pts ; 3. Irlande, 17 pts ; 4. Slovaquie, 16 pts ; 5. Pays de Galles, 14 pts ; 6. Chypre, 14 pts ; 7. Saint-Marin, 0 pt

Qualifiés pour l'Euro : République Tchèque et Allemagne

GROUPE E

Estonie-Macédoine : 0-1
Angleterre-Andorre : 5-0
Estonie-Israël : 0-1
Israël-Andorre : 4-1
Russie-Croatie : 0-0
Macédoine-Angleterre : 0-1
Russie-Israël : 1-1
Angleterre-Macédoine : 0-0
Croatie-Andorre : 7-0
Andorre-Macédoine : 0-3
Russie-Estonie : 2-0
Croatie-Angleterre : 2-0
Macédoine-Russie : 0-2
Israël-Croatie : 3-4
Israël-Angleterre : 0-0
Estonie-Russie : 0-2
Croatie-Macédoine : 2-1
Israël-Estonie : 4-0
Andorre-Angleterre : 0-3
Russie-Andorre : 4-0
Macédoine-Israël : 1-2
Estonie-Croatie : 0-1
Andorre-Israël : 0-2
Croatie-Russie : 0-0
Estonie-Angleterre : 0-3

Classement : 1. Croatie, 29 pts ; 2. Russie, 24 pts ; 3. Angleterre, 23 pts ; 4. Israël, 23 pts ; 5. Macédoine, 11 pts ; 6. Estonie, 7 pts ; 7. Andorre, 0 pt

Qualifiés pour l'Euro : Croatie et Russie

GROUPE F

Irlande du Nord-Islande : 0-3
Lettonie-Suède : 0-1
Espagne-Liechtenstein : 4-0
Islande-Danemark : 0-2
Irlande du Nord-Espagne : 3-2
Suède-Liechtenstein : 3-1
Danemark-Irlande du Nord : 0-0
Lettonie-Islande : 4-0
Suède-Espagne : 2-0
Islande-Suède : 1-2
Liechtenstein-Danemark : 0-4
Irlande du Nord-Lettonie : 1-0
Liechtenstein-Irlande du Nord : 1-4
Espagne-Danemark : 2-1
Liechtenstein-Lettonie : 1-0
Irlande du Nord-Suède : 2-1
Espagne-Islande : 1-0
Islande-Liechtenstein : 1-1
Danemark-Suède : 0-3 (sur tapis vert)
Lettonie-Espagne : 0-2
Liechtenstein-Espagne : 0-2
Suède-Islande : 5-0
Lettonie-Danemark : 0-2

Classement : 1. Espagne, 28 pts ; 2. Suède, 26 pts ; 3. Irlande du Nord, 20 pts ; 4. Danemark, 17 pts ; 5. Lettonie, 12 pts ; 6. Islande, 8 pts ; 7. Liechtenstein, 7 pts

Qualifiés pour l'Euro : Espagne et Suède

GROUPE G

Belarus-Albanie : 2-2
Roumanie-Bulgarie : 2-2
Luxembourg-Pays-Bas : 0-1
Pays-Bas-Belarus : 3-0
Albanie-Roumanie : 0-2
Bulgarie-Slovénie : 3-0
Roumanie-Belarus : 3-1
Bulgarie-Pays-Bas : 1-1
Slovénie-Luxembourg : 2-0
Belarus-Slovénie : 4-2
Luxembourg-Bulgarie : 0-1
Pays-Bas-Albanie : 2-1
Luxembourg-Belarus : 1-2
Albanie-Slovénie : 0-0
Pays-Bas-Roumanie : 0-0
Bulgarie-Albanie : 0-0
Roumanie-Luxembourg : 3-0
Slovénie-Pays-Bas : 0-1
Albanie-Luxembourg : 2-0
Belarus-Bulgarie : 0-2
Slovénie-Roumanie : 0-2
Luxembourg-Albanie : 0-3
Bulgarie-Belarus : 2-1
Roumanie-Slovénie : 2-0

Classement : 1. Roumanie, 29 pts ; 2. Pays-Bas, 26 pts ; 3. Bulgarie, 25 pts ; 4. Belarus, 13 pts ; 5. Slovénie, 11 pts ; 6. Albanie, 11 pts ; 7. Luxembourg, 3 pts

Qualifiés pour l'Euro : Roumanie et Pays-Bas

QUALIFICATION COUPE DU MONDE 2010

AFRIQUE

(Compte également pour les éliminatoires de la Coupe d'Afrique des Nations 2010)

GROUPE 1

Cameroun-Cap-Vert : 2-0
Tanzanie-Maurice : 1-1
Cap-Vert-Tanzanie : 1-0
Maurice-Cameroun : 0-3
Tanzanie-Cameroun : 0-0
Maurice-Cap Vert : 0-1
Cameroun-Tanzanie : 2-1
Cap-Vert-Maurice : 3-1

GROUPE 2

Namibie-Kenya : 2-1
Guinée-Zimbabwe : 0-0
Kenya-Guinée : 2-0
Zimbabwe-Namibie : 2-0
Namibie-Guinée : 1-2
Kenya-Zimbabwe : 2-0
Guinée-Namibie : 4-0
Zimbabwe-Kenya : 0-0

GROUPE 3

Ouganda-Niger 1-0
Angola-Bénin : 3-0
Niger-Angola : 1-2
Bénin-Ouganda : 4-1
Niger-Bénin : 0-2
Ouganda-Angola : 3-1
Bénin-Niger : 2-0
Angola-Ouganda : 0-0

GROUPE 4

Guinéeéquatoriale-Sierra Leone : 2-0
Nigeria-Afrique du Sud : 2-0
Sierra Leone-Nigeria : 0-1
Afrique du Sud-Guinée Equatoriale : 4-1
Sierra Leone-Afrique du Sud : 1-0
Guinée équatoriale-Nigeria : 0-1
Nigeria-Guinée équatoriale : 2-0
Afrique du Sud-Sierra Leone : 0-0

GROUPE 5

Ghana-Libye : 3-0
Lesotho-Ghana : 2-3
Libye-Gabon : 1-0
Gabon-Ghana : 2-0
Lesotho-Libye : 0-1
Lybie-Lesotho : 4-0
Ghana-Gabon : 2-0

28/06/08 Gabon-Lesotho

GROUPE 6

Sénégal-Algérie : 1-0
Liberia-Gambie : 1-1
Algérie-Liberia : 3-0
Gambie-Sénégal : 0-0
Gambie-Algérie : 1-0
Liberia-Sénégal 2-2
Sénégal-Liberia : 3-1
Algérie-Gambie : 1-0

GROUPE 7

Botswana-Madagascar : 0-0
Côte d'Ivoire-Mozambique : 1-0
Mozambique-Botswana : 1-2
Madagascar-Côte d'Ivoire : 0-0
Botswana-Côte d'Ivoire : 1-1
Madagascar-Mozambique : 1-1
Côte d'Ivoire-Botswana : 4-0
Mozambique-Madagascar : 3-0

GROUPE 8

Rwanda-Mauritanie : 3-0
Maroc-Éthiopie : 3-0
Éthiopie-Rwanda : 1-2
Mauritanie-Maroc : 1-4
Rwanda-Maroc : 3-1
Mauritanie-Éthiopie : 0-1
Maroc-Rwanda : 2-0
Éthiopie-Mauritanie : 6-1

GROUPE 9

Burundi-Seychelles : 0-0
Tunisie-Burkina Faso : 1-2
Seychelles-Tunisie : 0-2
Burkina Faso-Burundi : 2-0
Seychelles-Burkina Faso : 2-3
Burundi-Tunisie : 0-1
Tunisie-Burundi : 2-1
Burkina Faso-Seychelles : 4-1

GROUPE 10

Soudan-Tchad : (reporté)
Mali-Congo : 4-2
Tchad-Mali : 1-2
Congo-Soudan : 1-0
Soudan-Mali : 3-2
Tchad-Congo : 2-1
Mali-Soudan : 3-0
Congo-Tchad : 2-0

GROUPE 11

Togo-Zambie : 1-0
Swaziland-Togo : 2-1
Swaziland-Zambie : 0-0
Zambie-Swaziland : 1-0

GROUPE 12

Malawi-Djibouti : 8-1
Égypte-RD Congo : 2-1
Djibouti-Égypte : 0-4
RD Congo-Malawi : 1-0
Malawi-Égypte : 1-0
Djibouti-RD Congo : 0-6
Égypte-Malawi : 2-0
RD Congo-Djibouti : 5-1

ZONE ASIE

Deuxième phase

(les deux premiers de chaque poule qualifiés pour le tour de qualification final)

GROUPE 1

Irak-Chine : 1-1
Australie-Qatar : 3-0
Chine-Australie : 0-0
Qatar-Irak : 2-0
Australie-Irak : 1-0
Qatar-Chine : 0-0
Irak-Australie : 1-0
Chine-Qatar : 0-1
Qatar Australie : 1-3
Chine-Irak : 1-2
Irak-Qatar : 0-1
Australie-Chine : 0-1

Australie et Qatar qualifiés pour le tour de qualification final

GROUPE 2

Oman-Bahreïn : 0-1
Japon-Thaïlande : 4-1
Bahreïn-Japon : 1-0
Thaïlande-Oman : 1-0
Thaïlande-Bahreïn : 2-3
Japon-Oman : 3-0
Bahreïn-Thaïlande : 1-1
Oman-Japon : 1-1
Bahreïn-Oman : 1-1
Thaïlande-Japon : 0-3
Japon-Bahreïn : 1-0
Oman-Thaïlande : 2-1

Japon et Bahreïn qualifiés pour le tour de qualification final

GROUPE 3

Jordanie-Corée du Nord : 0-1
Corée du Sud-Turkménistan : 4-0
Turkménistan-Jordanie : 0-2
Corée du Nord-Corée du Sud : 0-0
Corée du Sud-Jordanie : 2-2
Turkménistan-Corée du Nord : 0-0
Jordanie-Corée du Sud : 0-1
Corée du Nord-Turkménistan : 1-0
Corée du Nord-Jordanie : 2-0
Turkménistan-Corée du Sud : 1-3
Jordanie-Turkménistan : 2-0
Corée du Sud-Corée du Nord : 0-0

Corée du Sud et Corée du Nord qualifiés pour le tour de qualification final

GROUPE 4

Liban-Ouzbékistan : 0-1
Arabie saoudite-Singapour : 2-0
Ouzbékistan-Arabie saoudite : 3-0
Singapour-Liban : 2-0
Singapour-Ouzbékistan : 3-7
Arabie saoudite-Liban : 4-1
Liban-Arabie saoudite : 1-2
Ouzbékistan-Singapour : 1-0
Singapour-Arabie saoudite : 0-2
Ouzbékistan-Liban : 3-0
Liban-Singapour : 1-2
Arabie saoudite-Ouzbékistan : 4-0

Arabie saoudite et Ouzbékistan pour le tour de qualification final

GROUPE 5

Iran-Syrie : 0-0
Émirats arabes unis-Koweït : 2-0
Syrie-Émirats arabes unis : 1-1
Koweït-Iran : 2-2
Iran-Émirats arabes unis : 0-0
Syrie-Koweit : 1-0
Emirats arabes unis-Iran : 0-1
Koweit-Syrie : 4-2
Koweït-Émirats arabes unis : 2-3
Syrie-Iran : 0-2
Émirats arabes unis-Syrie : 1-3
Iran-Koweït : 2-0

Iran et Émirats arabes unis qualifiés pour le tour de qualification final

OCÉANIE

1er tour

GROUPE A

Tahiti-Nouvelle-Calédonie 0-1
Fidji-Tuvalu : 16-0
Tuvalu-Nouvelle Calédonie : 0-1
Fidji-Îles Cook : 4-0
Tuvalu-Tahiti : 1-1
Nouvelle-Calédonie – Îles Cook : 3-0
Îles Cook-Tuvalu : 4-1
Tahiti-Fidji : 0-4
Îles Cook-Tahiti : 0-1
Nouvelle-Calédonie–Fidji : 1-1
Classement : 1. Fidji, 10 pts ; 2. Nouvelle-Calédonie, 10 pts ; 3. Tahiti, 4 pts ; 4. Îles Cook, 3 pts ; 5. Tuvalu, 1 pt

GROUPE B

Îles Salomon-Samoa américaines : 12-1
Vanuatu-Samoa : 4-0
Îles Salomon-Tonga : 4-0
Samoa américaines-Samoa : 0-7
Samoa américaines-Vanuatu : 0-15
Samoa-Tonga : 2-1
Tonga-Samoa américaines : 4-0
Vanuatu-Îles Salomon : 0-2
Samoa-Îles Salomon : 0-3
Tonga-Vanuatu : 1-4
Classement : 1. Îles Salomon, 12 pts ; 2. Vanuatu, 9 pts ; 3. Samoa, 6 pts ; 4. Tonga, 3 pts ; 5. Samoa américaines, 0
Demi-finales du premier tour : Îles Salomon–Nouvelle-Calédonie : 2-3
Fidji-Vanuatu : 3-0

Match pour la 3e place du 1er tour :
Îles Salomon-Vanuatu : 0-2

Finale du 1er tour :
Nouvelle-Calédonie–Fidji : 1-0

2e tour

Fidji-Nouvelle-Zélande : 0-2
Vanuatu-Nouvelle-Zélande : 1-2
Fidji-Nouvelle-Calédonie : 3-3
Nouvelle-Zélande- Vanuatu : 4-1
Nouvelle-Calédonie-Fidji : 4-0
Vanuatu-Nouvelle Calédonie : 1-1
Nouvelle-Calédonie-Vanuatu : 3-0

AMÉRIQUE DU SUD

Uruguay-Bolivie : 5-2
Argentine-Chili : 2-0
Équateur-Venezuela : 0-1
Pérou-Paraguay : 0-0
Colombie-Brésil : 0-0
Venezuela-Argentine : 0-2
Bolivie-Colombie : 0-0
Paraguay-Uruguay : 1-0
Chili-Pérou : 2-0
Brésil-Équateur : 5-0
Argentine-Bolivie : 3-0
Colombie-Venezuela : 1-0
Paraguay-Équateur : 5-1
Pérou-Brésil : 1-1
Uruguay-Chili : 2-2
Venezuela-Bolivie : 5-3
Colombie-Argentine : 2-1
Équateur-Pérou : 5-1
Brésil-Uruguay : 2-1
Chili-Paraguay : 0-3
Uruguay-Venezuela : 1-1
Paraguay-Brésil : 2-0
Pérou-Colombie : 1-1
Bolivie-Chili : 0-2
Argentine-Équateur : 1-1
Uruguay-Pérou : 6-0
Bolivie-Paraguay : 4-2
Brésil-Argentine : 0-0
Équateur-Colombie : 0-0
Chili-Venezuela : 3-2

AMÉRIQUE CENTRALE, DU NORD ET CARAÏBE

1er tour

PHASE 1

Bermudes-Îles Caïmans : 1-1, 3-1
Belize-Saint-Kitts et Nevis : 3-1, 1-1
Nicaragua-Antilles néerlandaises : 0-1, 0-2
Dominique-Barbade : 1-1, 0-1
Salvador-Anguilla : 12-0, 4-0
Turks et Caicos-Sainte-Lucie : 2-1, 0-2
Aruba-Antigua-et-Barbuda : 0-3, 0-1
Sainte-Lucie-Turks et Caicos : 2-0
Grenade-Îles vierges américaines : 10-0
Barbade-Dominique : 1-0
Bahamas-Îles vierges britanniques : 1-1, 2-2
Antigua et Barbuda-Aruba : 1-0
Montserrat-Surinam : 1-7
Saint-Kitts-et-Nevis–Belize : 1-1
Anquilla-Salvador : 0-4
Antilles néerlandaises-Nicaragua : 2-0
Porto Rico-République dominicaine : 1-0 a.p.
Îles vierges britanniques-Bahamas : 2-2
Îles Caïmans-Bermudes : 1-3

PHASE 2

Honduras-Porto Rico : 4-0, 2-2
Grenade-Costa Rica : 2-2
Suriname-Guyana : 1-0
Guatemala-Sainte-Lucie 6 – 0
Saint-Vincent et Îles Grenadines–Canada : 0-3
États-Unis d'Amérique-Barbade : 8-0
Haïti-Antilles néerlandaises : 0-0
Belize-Mexique : 0-2
Panama-Salvador : 1-0
Trinité-et-Tobago-Bermudes : 1-2
Jamaïque-Bahamas : 7-0
Antigua-et-Barbuda-Cuba : 3-4
Bahamas-Jamaïque : 0-6
Canada-Saint-Vincent et Îles Grenadines : 4-1
Barbade-États-Unis : 0-1
Mexique-Belize : 7-0
Costa-Rica-Grenade : 3-0
Sainte-Lucie-Guatemala : 1-3
Bermudes-Trinité-et-Tobago : 0-2
Salvador-Panama : 3-1
Antilles néerlandaises-Haïti : 0-1
Guyana-Suriname : 1-2
Cuba-Abtigua-et-Barbuda : 1-2

CHAMPIONNATS D'EUROPE DES MOINS DE 17 ANS

(4 au 16 mai 2008 en Turquie)

GROUPE A

Écosse-Serbie : 0-2
Turquie-Pays-Bas : 3-0
Turquie-Écosse : 1-0
Pays-Bas-Serbie : 1-0
Serbie-Turquie : 0-0
Pays-Bas-Écosse : 2-0

Classement : 1. Turquie, 7 pts ; 2. Pays-Bas, 6 pts ; 3. Serbie, 4 pts ; 4. Écosse, 0

GROUPE B

France-Irlande : 2-1
Espagne-Suisse : 2-0
Irlande-Suisse : 0-1
France-Espagne : 3-3
Suisse-France : 0-2
Irlande-Espagne : 1-3

Classement : 1. Espagne, 7 pts ; 2. France, 7 pts ; 3. Suisse, 3 pts ; 4. Irlande, 0

DEMI-FINALES

Turquie-France : 1-1 a.p., 3 t.a.b. à 4
Espagne-Pays-Bas : 2-1 a.p.

FINALE

Vendredi 16 mai à Antalya
France-Espagne : 0-4 (0-1)
Buts : Keko (31e), Sergio Garcia (46e), Thiago (63e, s.p.), Manuel (69e)

CHAMPIONNAT D'EUROPE FÉMININ 2009

GROUPE 3

(Matchs de qualification)
Serbie-France : 0-8
Slovénie-France : 0-2
Grèce-France : 0-5
France-Serbie : 2-0

ÉQUIPE DE FRANCE

Slovaquie-FRANCE 0-1 (0-1)
Mercredi 22 août 2007 à Trnava, match amical
But : Henry (39e).
Slovaquie : Senecky - Klimpl, Durica, Cech, Had (Strba, 67e) - Sapara (Kozak, 69e), Hamsik, Krajcik (Kuciak, 85e) - Sestak, Mintal (Holosko, 53e), Vittek. Ent. : Kocian.
France : Landreau - Clerc (Sagna, 63e), Mexès (Boumsong, 88e), Abidal, Evra - Ribéry (Nasri, 73e), Makelele, Vieira (Toulalan, 59e), Malouda - Henry (Benzema, 85e), Anelka. Ent. : Domenech

Italie-France 0-0
Samedi 8 septembre 2007 à Milan, qualifications pour l'Euro 2008
Italie : Buffon - Oddo, Cannavaro, Barzagli, Zambrotta - De Rossi - Camoranesi (Perotta, 58e), Gattuso, Pirlo, Del Piero (Di Natale, 84e) - Inzaghi (Lucarelli, 65e). Ent : Donadoni.
France : Landreau - L. Diarra, Thuram, Escudé, Abidal - Ribéry (Toulalan, 87e), Vieira, Makelele, Malouda - Henry, Anelka. Ent. : Domenech

France-ÉCOSSE 0-1 (0-0)
Mercredi 12 septembre 2007 au Parc des Princes, qualifications pour l'Euro 2008
But : McFadden (64e).
France : Landreau - L. Diarra, Thuram, Escudé, Abidal (Benzema, 76e) - Ribéry, Vieira (Nasri, 69e), Makelele, Malouda - Anelka, Trezeguet. Ent. : Domenech
Écosse. Gordon - Hutton, Weir, McManus, Alexander - Fletcher (Pearson, 25e), Brown, Ferguson (cap.), McCullogh, McFadden (O'Connor, 75e) – Hartley. Ent. : McLeish

Îles Féroé-FRANCE 0-6 (0-2)
Samedi 13 octobre 2007 à Tórshavn, qualifications pour l'Euro 2008
Buts : Anelka (7e), Henry (8e), Benzema (49e, 79e), Rothen (64e), Ben Arfa (90e + 4)
Îles Féroé : Mikkelsen - C. Jacobsen, J. Jacobsen, Benjaminsen, Hansen - Samuelsen (Flotum, 84e), Olsen, Thomassen (Jespersen, 77e), Elttor (Midjord, 46e) - R. Jacobsen, Holst. Ent. : Olsen.
France : Landreau - Sagna, Thuram (cap.), Abidal, Evra - Toulalan, Makelele (L. Diarra, 72e), Rothen - Ribéry (Ben Arfa, 62e)- Henry, Anelka (Benzema, 46e). Ent. : Domenech

FRANCE-Lituanie 2-0 (0-0)
Mercredi 17 octobre 2007 à Nantes, qualifications pour l'Euro 2008
Buts : France : Henry (79e, 81e).
France : Landreau - L. Diarra (Ben Arfa, 70e), Thuram, Gallas, Abidal - Toulalan, Makelele, Malouda – Ribéry - Henry, Benzema. Ent. : Domenech
Lituanie : Karcemarskas - Skerla, Dedura, Zvirgzdauskas, Klimavicius – Kalonas (Savenas, 64e), Kucys (Velicka,85e), Danilevicius, Ksanavicius (Labukas, 78e), Morinas - Jankauskas. Ent. : Liubinskas.

France-Maroc 2-2 (1-1)
Vendredi 16 novembre 2007 au Stade de France, match amical
Buts : France : Govou (15e), Nasri (75e) ; Maroc : Sektioui (9e), Mokhtari (85e).
France : Landreau - Clerc, Thuram (Squillaci, 63e), Gallas (Abidal, 46e), Evra - L. Diarra, Makelele (Toulalan, 46e) - Govou (Ben Arfa, 74e), Nasri, Rothen (Flamini, 81e)- Benzema (Anelka, 63e). Ent. : Domenech.
Maroc : Lamyaghri - Basser, Ouaddou, El Erbate, El Kadouri - Kharja (El-Boukhari, 46e), Safri, Kissi (Kabous, 46e) - Hadji (Zairi, 83e), Chamakh (Alloudi, 66e), Sektioui (Mokhtari, 74e). Ent. : Henri Michel.

Ukraine-France 2-2 (1-2)
Mercredi 21 novembre 2007 à Kiev, qualifications pour l'Euro 2008
Buts : Ukraine : Voronine (14e), Chevtchenko (46e) ; France : Henry (20e), Govou (34e).
Ukraine : Pyatov – Romantchouk (Ezersky, 82e), Vachtchouk, Fedorov, Gaï - Gusev, Timotchuk, Gritsaï, Rotan - Voronine (Chelayev, 85e), Chevtchenko (cap.) (Milevsky, 90e). Ent. : Oleg Blokhine
France : Frey - Clerc, Thuram (cap.), Gallas, Abidal - Govou, L. Diarra, Makelele, Ribéry (Ben Arfa, 89e) – Benzema (Nasri, 46e), Henry. Ent. : Raymond Domenech.

ESPAGNE-France 1-0 (0-0)
Mercredi 6 février à Malaga, match amical
But : Capdevila (80e).
Espagne : Casillas (cap.) - Sergio Ramos (Angel, 46e, Juanito, 75e), Albiol (Pablo, 46e), Marchena, Capdevila - Albelda (Xabi Alonso, 63e) - Iniesta, Xavi, Fabregas, Riera (Villa, 46e) - Torres (Güiza, 24e). Ent. : Luis Aragonés
France : Coupet - Sagnol, Gallas, Thuram (Escudé, 46e), Abidal - L. Diarra, Vieira (cap., Ben Arfa, 81e), Toulalan, Malouda - Henry, Anelka (Benzema, 60e). Ent. : Raymond Domenech.

FRANCE–Angleterre 1-0 (1-0)
Mercredi 26 mars au Stade de France, match amical
But : Ribéry (32e s.p.).
France : Coupet - Clerc, Thuram (cap.), Gallas, Abidal - Ribéry, Toulalan, Makelele, Malouda – Trezeguet (Govou, 64e), Anelka (Cissé, 80e).
Angleterre : James - Brown (Johnson, 64e), Terry (Lescott, 46e), Ferdinand (cap.), A. Cole - Hargreaves, Barry - Beckham (Bentley, 63e), Gerrard (Crouch, 46e), J. Cole (Downing, 46e) - Rooney (Owen, 46e).

FRANCE-Équateur 2-0 (0-0)
Mardi 27 mai à Grenoble (Stade des Alpes), match amical
Buts : Gomis (59e, 86e).
France: Frey (Mandanda, 46e) - Sagnol (Clerc, 74e), Thuram, Escudé (Evra, 46e), Abidal - Nasri, A. Diarra (Flamini, 46e), L. Diarra, Ben Arfa (Malouda, 78e) - Anelka, Cissé (Gomis, 46e). Ent. : Domenech.
Équateur: Elizaga - O. de Jesús, Hurtado, Castro, Mina - Cortez, Quiroz (Borja, 64e), Ayoví, Valencia, Castillo – Tenorio. Ent. : Vizuete.

France-Paraguay 0-0
Samedi 31 mai au Stadium de Toulouse, match amical
France : Coupet – Clerc, Squillaci, Boumsong, Evra – Ribéry (Govou, 46e), Makelele (L. Diarra, 46e), Toulalan (Nasri, 71e), Malouda – Henry (cap., puis Gomis, 46e), Benzema (Anelka, 63e). Ent. : Domenech.
Paraguay : Villar – Caniza (cap.), Veron, Da Silva, Benitez, Torres – Aquino (Estigarribia, 42e), Barreto (Paredes, 90e), Caceres (Santana, 83e), Valdez (Lopez, 69e) – Santa Cruz (Cardozo, 58e). Ent. : Martino.

FRANCE-Colombie 1-0 (1-0)
Mardi 3 juin au Stade de France, amical
But : Ribéry (25e, s.p.).
France: Coupet - Sagnol, Thuram (cap.), Gallas, Abidal - Toulalan, Makelele, Malouda - Ribéry (Nasri, 76e) - Benzema (L. Diarra, 66e), Henry (Anelka, 76e). Ent. : Domenech.
Colombie: Julio (cap.) - Bustos, C. Zapata, Moreno, Armero (Gonzalez, 59e) - Escobar (Guarin, 81e), Amaya, Hernandez (Torres, 65e), Sanchez (Motta, 81e) - Perea (Valencia, 89e), Falcao (Polo, 59e). Ent. : Pinto.

EQUIPE DE FRANCE A'

SLOVAQUIE A'-France A' 1-0 (1-0)
Mardi 21 août à Senec, match amical
But : Holosko (30e).
Slovaquie A' : Kuciak (Hajduch, 46e) – Petras, Brezinski, Michalik, Szabo – Strba, Hodur, Zofcak (Slovak, 46e), Jez (Pekaric, 69e) – Hesek, Holosko (Kopunek, 61e). Ent. : Kocian.
France A' : Frey - Zebina (Camara, 70e), Squillaci, Boumsong (cap.) (Reveillère, 63e), Silvestre - Briand, A. Diarra, L. Diarra (Mavuba, 67e), Mathieu - Cissé (Piquionne, 56e), Trezeguet. Ent. : Domenech.

France A'-RD Congo 0-0
Mardi 5 Février à Marbella, match amical
France A' : Mandanda (Lloris, 46e) - Sagna, Mexès, Boumsong (cap.), Clichy - A. Diarra, Flamini (Ménez, 16e) - Briand, Nasri (Givet, 72e), Rothen - Cissé. Ent. : Domenech.
RD Congo : Kudimbana (Madanda, 46e) – Mabiala (Mongongu, 61e), Sami, Dikaba, Ilunga –Mulumbu, Mabyao – Makiadi (Landu-Tubi, 73e), Tambwe (Yenga, 46e), Tshinyama (Luntala, 73e) – Matumona. Ent. : N'Goma

FRANCE A'-Mali 3-2 (3-0)
Mardi 25 mars au Stade Charléty, match amical.
Buts : France A' : Nasri (2e), Rothen (34e), Sinama-Pongolle (45e+ 1). Mali : Diarra (63e), Maiga (75e).
France A' : Mandanda (Lloris, 46e) - Delpierre, Rami (Givet, 73e), Boumsong (cap.), Clichy (Réveillère, 46e) - Bodmer, Rothen (Ben Arfa, 46e), Mavuba, Nasri (Rémy, 54e) - Sinama-Pongolle, Briand. Ent. : Domenech
Mali : S. Diakite - Diawara, S. Traore (Diamountene, 46e), Kanté (Koné, 46e), Tamboura - Kebe (A. Sidibe, 42e), Diarra, Dj. Sidibe, Diallo (Maiga, 67e) - Ndiaye (B. Diakite, 54e), D. Traore (Coulibaly, 54e). Ent. : Maïga.

COUPE D'AFRIQUE DES NATIONS

(21 janvier au 10 février au Ghana)

PREMIER TOUR

GROUPE A

Ghana-Guinée : 2-1
Namibie-Maroc : 1-5
Guinée-Maroc : 3-2
Ghana-Namibie : 1-0
Ghana-Maroc 2-0
Guinée-Namibie 1-1

Classement : 1. Ghana, 9 pts ; Guinée, 4 pts ; Maroc, 3 ; pts ; Namibie, 1 pt.

GROUPE B

Nigeria-Côte d'Ivoire : 0-1
Mali-Bénin : 1-0
Côte d'Ivoire-Bénin : 4-1
Nigeria-Mali : 0-0
Côte d'Ivoire-Mali : 3-0
Nigeria-Bénin : 2-0

Classement : 1. Côte d'Ivoire, 9 pts ; 2. Nigeria, 4 pts (-1) ; 3. Mali, 4 pts (-2) ; 4. Bénin, 0.

GROUPE C

Égypte-Cameroun : 4-2
Soudan-Zambie : 0-3
Cameroun-Zambie : 5-1
Égypte-Soudan : 3-0
Égypte-Zambie : 1-1
Cameroun-Soudan : 3-0

Classement : 1. Égypte, 7 pts ; 2. Cameroun, 6 pts ; 3. Zambie, 4 pts ; 4. Soudan, 0.

GROUPE D

Tunisie-Sénégal : 2-2
Afrique du Sud-Angola : 1-1
Sénégal-Angola : 1-3
Tunisie-Afrique du Sud : 3-1
Tunisie-Angola : 0-0
Sénégal-Afrique du Sud : 1-1

Classement : 1. Tunisie, 5 pts ; 2. Angola, 5 pts ; 3. Sénégal, 2 pts ; 4. Afrique du Sud, 2 pts.

QUARTS DE FINALE

Ghana-Nigeria : 2-1
Côte d'Ivoire-Guinée : 5-0
Égypte-Angola : 2-1
Tunisie-Cameroun : 2-3

DEMI-FINALES

Ghana-Cameroun : 0-1
Côte d'Ivoire-Égypte : 1-4

MATCH POUR LA 3e PLACE

Ghana-Côte d'Ivoire : 4-2

FINALE

ÉGYPTE-CAMEROUN 1-0 (0-0)
Dimanche 10 février à Accra
But : Abou Treika (77e).
Egypte : El Hadary - Saied, Gomaa, Shady - Fathy, Ahmed Hassan, Hosny, Moawad – Abou Treika (Ibrahim Said, 84e) - Zaky (Shawky, 78e), Motaeb (Zidan, 60e). Ent. : Shehata.
Cameroun : Kameni - Geremi, Tchato, R. Song, Atouba - Epalle (Mbami, 64e), A. Song (Binya, 16e), Mbia, Nkong - Emana (Idrissou, 53e) - Eto'o. Ent. : Pfister.

LIGUE DES CHAMPIONS D'AFRIQUE

FINALE

ES Sahel (Tun)-Al Ahly (Égy) : 0-0, 3-1

COUPE DU MONDE DES MOINS DE 17 ANS
Du 18 août au 9 septembre en Corée du Sud

HUITIÈMES DE FINALE

Espagne-Corée du Nord : 3-0
Tunisie-France : 1-3 a.p.
Pérou-Tadjikistan : 1-1 a.p., 5 t.a.b. à 4
Ghana-Brésil : 1-0
Argentine-Costa Rica : 2-0
Nigeria-Colombie : 2-1
Angleterre-Syrie : 3-1
Allemagne-États-Unis : 2-1

QUARTS DE FINALE

France-Espagne : 1-1 a.p., 4 t.a.b. à 5
Chana-Pérou : 2-0
Argentine-Nigeria : 0-2
Angleterre-Allemagne : 1-4

DEMI-FINALES

Espagne-Ghana : 2-1 a.p.
Nigeria-Allemagne : 3-1

Match pour la 3e place
Ghana-Allemagne : 1-2

FINALE

Espagne-Nigeria : 0-0 a.P., 0 t.a.b. à 3

COUPE DU MONDE FÉMININE 2007
Du 10 au 30 septembre en Chine

PHASE DE GROUPES

GROUPE A

Allemagne-Argentine : 11-0
Japon-Angleterre : 2-2
Argentine-Japon : 0-1
Angleterre-Allemagne : 0-0
Allemagne-Japon : 2-0
Angleterre-Argentine : 6-1

Classement : 1. Allemagne, 7 pts ; 2. Angleterre : 5 pts ; 3. Japon, 4 pts ; 4. Argentine, 0.

GROUPE B

États-Unis – Corée du Nord : 2-2
Nigeria-Suède : 1-1
Suède-États-Unis : 0-2
Corée du Nord-Nigeria : 2-0
Nigeria-États-Unis : 0-1
Corée du Nord-Suède : 1-2

Classement : 1. États-Unis, 7 pts ; 2. Corée du Nord : 4 pts ; 3. Suède, 4 pts ; 4. Nigeria, 1 pt.

GROUPE C

Ghana-Australie : 1-4
Norvège-Canada : 2-1
Canada-Ghana : 4-0
Australie-Norvège : 1-1
Norvège-Ghana : 7-2
Australie-Canada : 2-2

Classement : 1. Norvège, 7 pts ; 2. Australie, 5 pts ; 3. Canada, 4 pts ; 4. Ghana, 0.

GROUPE D

Nouvelle-Zélande – Brésil : 0-5
Chine-Danemark : 3-2
Danemark-Nouvelle-Zélande : 2-0
Brésil-Chine : 4-0
Chine-Nouvelle-Zélande : 2-0
Brésil-Danemark : 1-0

Classement : 1. Brésil, 9 pts ; 2. Chine, 6 pts ; 3. Danemark, 3 pts ; 4. Nouvelle-Zélande, 0.

QUARTS DE FINALE

Allemagne-Corée du Nord : 3-0
Etats-Unis-Angleterre : 3-0
Norvège-Chine : 1-0
Brésil-Australie : 3-2

DEMI-FINALES

Allemagne-Norvège : 3-0
États-Unis-Brésil : 0-4
Match pour la troisième place
Norvège-États-Unis : 1-4

FINALE

Allemagne-Brésil : 2-0

MONDIAL DES CLUBS
(Japon du 7 au 16 décembre 2007)

BARRAGE

Sepahan (Iran)–Waitakere United (N-Z) : 3-1

PREMIER TOUR

Étoile sportive du Sahel (Tun)–Pachuca (Mex) : 1-0
Sepahan-Urawa Red Diamonds (Jap) : 1-3.

DEMI-FINALES

Étoile sportive du Sahel–Boca Juniors (Arg) : 0-1
Urawa Red Diamonds–AC Milan (Ita) : 0-1

MATCH POUR LA 3e PLACE

Étoile Sportive du Sahel-Urawa Red Diamonds : 2-2, 4 t.a.b. à 2

FINALE

Dimanche 16 décembre 2007 à Yokohama
Boca Juniors (Arg)-AC MILAN (Ita) 2-4 (1-1)
Buts : Boca Juniors : Palacio (23e), Ambrosini (85e, c.s.c.) ; Milan : Inzaghi (21e, 70e), Nesta (50e), Kaká (61e).
Boca Juniors : Caranta – Ibarra, Maidana, Paletta, Rodriguez – Gonzales (Ledesma, 69e), Battaglia, Banega, Cardozo (Gracian, 71e) – Palermo, Palacio. Ent. : Russo.
Milan : Dida – Bonera, Nesta, Kaladze, Maldini – Gattuso (Emerson, 65e), Pirlo, Ambrosini – Kaká, Seedorf (Brocchi, 82e) – Inzaghi (Cafu, 76e). Ent. : Ancelotti.

LIGUE DES CHAMPIONS

PREMIER TOUR PRÉLIMINAIRE

Domzale (Slv)-Tirana (Alb) : 1-0, 2-1
Murana (San)-Tampere (Fin) : 1-2, 0-2
Marsaxlokk (Mlt)-Sarajevo (Bos) : 0-6, 1-3
Dudelange (Lux)-Ziliana (Slq) : 1-2, 4-5
Derry (Irl)-Erevan (Arm) : 0-0, 0-2
Tiraspol (Mol)-Ranger's (And) : 2-0, 3-0
Pobeda (Mac)-Tallinn (Est) : 0-1, 0-0
Golubovci (Mne)-FC Kaunas (Lit) : 3-1, 2-3

New Saints (Gal)-Ventspils (Let) : 3-2, 1-2
Hafnarfjordur (Isl)-Torshavn (Fer) : 4-1, 0-0
Rustavi (Geo)-Astana (Kaz) : 0-0, 0-3
Linfield (IlN)-Boras (Suè) : 0-0, 0-1
Lenkoran (Aze)-Dinamo Zagreb (Cro) : 1-0, 1-3 a.p.
Nicosie (Chy)-Borisov (Blr) : 2-0, 0-3 a.p.

DEUXIÈME TOUR PRÉLIMINAIRE

Ventspils (Let)-Salzbourg (Aut) : 0-3, 0-4
Genk (Bel)-Sarajevo (Bos) : 1-2, 1-0
Domzale (Slv)-Dinamo Zagreb (Cro) : 1-2, 1-3
Besiktas (Tur)-Tiraspol (Mol) : 1-0, 3-0
Tampere (Fin)-Levski Sofia (Bul) : 1-0, 1-0
Lubin (Pol)-Steaua Bucarest (Rou) : 0-1, 1-2
Glasgow Rangers (Éco)-Golubovci (Mne) : 2-0, 1-0
Hafnarfjordur (Isl)-Borisov (Blr) : 1-3, 1-1
Erevan (Arm)-Donetsk (Ukr) : 0-2, 1-2
Astana (Kaz)-Rosenborg Trondheim (Nor) : 1-3, 1-7
Etoile Rouge Belgrade (Ser)-Tallinn (Est) : 1-0, 1-2
Debreceni (Hon)-Boras (Suè) : 0-1, 0-0
Copenhague (Dan)-Beitar Jérusalem (Isr) : 1-0, 1-1 a.p.
Zilina (Slq)-Slavia Prague (Rtc) : 0-0, 0-0, 3 t.a.b. à 4

TROISIÈME TOUR PRÉLIMINAIRE

FC Zurich (Sui)-Besiktas (Tur) : 1-1, 0-2
Benfica Lisbonne (Por)-Copenhague (Dan) : 2-1, 1-0
Sarajevo (Bos)-Dynamo Kiev (Ukr) : 0-1, 0-3
Sparta Prague (Rtc)-Arsenal (Ang) : 0-2, 0-3
FC Séville (Esp)-AEK Athènes (Grè) : 2-0, 4-1
Toulouse (Fra)-Liverpool (Ang) : 0-1, 0-4
Fenerbahçe (Tur)-Anderlecht (Bel) : 1-0, 2-0
Brême (All)-Dinamo Zagreb (Cro) : 2-1, 3-2
Lazio Rome (Ita)-Dinamo Bucarest (Rou) : 1-1, 3-1
Ajax Amsterdam (P-B)-Slavia Prague (Rtc) : 0-1, 1-2
Borisov (Blr)-Steaua Bucarest (Rou) : 2-2, 0-2
Salzbourg (Aut)-Donetsk (Ukr) : 1-0, 1-3
Tampere (Fin)-Rosenborg Trondheim (Nor) : 0-3, 0-2
Valence (Esp)-Boras (Suè) : 3-0, 2-1
Glasgow Rangers (Éco)-Etoile Rouge Belgrade (Ser) : 1-0, 0-0
Spartak Moscou (Rus)-Celtic Glasgow (Éco) : 1-1, 1-1, 4 t.a.b. à 5

PHASES DE GROUPES

GROUPE A

Marseille-Besiktas (Tur): 2-0
FC Porto (Por)-Liverpool (Ang): 1-1
Liverpool (Ang)-Marseille : 0-1
Besiktas (Tur)-Liverpool (Ang) : 2-1
FC Porto (Por)-Marseille : 2-1
Liverpool (Ang)-Besiktas (Tur): 8-0
Besiktas (Tur)-Marseille : 2-1
Liverpool (Ang)-FC Porto (Por): 4-1
FC Porto (Por)-Besiktas (Tur): 2-0
Marseille-Liverpool (Ang) : 0-4

Classement : 1. FC Porto (Por), 11 pts ; 2. Liverpool (Ang), 10 pts ; 3. Marseille, 7 pts ; 4. Besiktas (Tur), 6 pts.

GROUPE B

Schalke 04 (All)-Valence (Esp) : 0-1
Chelsea (Ang)-Rosenborg Trondheim (Nor) : 1-1
Rosenborg Trondheim (Nor)-Shalke 04 (All) : 0-2
Valence (Esp)-Chelsea (Ang) : 1-2
Chelsea (Ang)-Schalke 04 (All) : 2-0
Rosenborg Trondheim (Nor)-Valence (Esp) : 2-0
Schalke 04-Chelsea (Ang) : 0-0
Valence (Esp)-Rosenborg Trondheim (Nor) : 0-2
Valence (Esp)-Schalke 04 (All) : 0-0
Rosenborg Trondheim (Nor)-Chelsea (Ang) : 0-4
Chelsea (Ang)-Valence (Esp) : 0-0
Schalke 04 (All)-Rosenborg Trondheim (Nor) : 3-1

Classement : 1. Chelsea (Ang), 12 pts ; 2. Schalke 04 (All), 8 pts ; 3. Rosenborg Trondheim (Nor), 7 pts ; 4. Valence (Esp) : 5 pts.

GROUPE C

Real Madrid (Esp)-Werder Brême (All) : 2-1
Olympiakos (Grè)-Lazio Rome (Ita) : 1-1
Lazio Rome (Ita)-Real Madrid (Esp) : 2-2
Werder Brême (All)-Olympiakos (Grè) : 1-3
Werder Brême (All)-Lazio Rome (Ita) : 2-1
Real Madrid (Esp)-Olympiakos (Grè) : 4-2
Lazio Rome (Ita)-Werder Brême (All) : 2-1
Olympiakos (Grè)-Real Madrid : 0-0
Werder Brême (All)-Real Madrid (Esp) : 3-2
Lazio Rome (Ita)-Olympiakos (Grè) : 1-2
Olympiakos (Grè)-Werder Brême (All) : 3-0
Real Madrid (Esp)-Lazio Rome (Ita) : 3-1

Classement : 1. Real Madrid (Esp), 11 pts ; 2. Olympiakos (Grè), 11 pts ; 3. Werder Brême (All), 6 pts ; 4. Lazio Rome (Ita), 5 pts.

GROUPE D

Mial AC (Ita)-Benfica (Por) : 2-1
Donetsk (Ukr)-Celtic Glasgow (Éco) : 2-0
Cletic Glasgow (Éco)-Milan AC (Ita) : 2-1
Benfica (Por)-Donetsk (Ukr) : 0-1
Benfica (Por)-Celtic Glasgow (Éco) : 1-0
Milan AC (Ita)-Donetsk (Ukr) : 4-1
Celtic Glasgow (Éco)-Benfica (Por) : 1-0
Donetsk (Ukr)-Milan AC (Ita) : 0-3
Benfica (Por)-Milan AC (Ita) : 1-1
Celtic Glasgow (Éco)-Donetsk (Ukr) : 2-1
Milan AC (Ita)-Celtic Glasgow (Éco) : 1-0
Donetsk (Ukr)-Benfica (Por) : 1-2

Classement : 1. Milan AC (Ita), 13 pts ; 2. Celtic Glasgow (Éco), 9 pts ; 3. Benfica (Por), 7 pts ; 4. Donetsk (Ukr), 6 pts.

GROUPE E

Barcelone (Esp)-Lyon : 3-0
Glasgow Rangers (Éco)-Stuttgart (All) : 2-1
Lyon-Glasgow Rangers (Éco) : 0-3
Stuttgart (All)-Barcelone (Esp) : 0-2
Stuttgart (All)-Lyon : 0-2
Glasgow Rangers (Éco)-Barcelone (Esp) : 0-0
Lyon-Stuttgart (All) : 4-2
Barcelone (Esp)-Glasgow Rangers (Éco) : 2-0
Stuttgart (All)-Glasgow Rangers (Éco) : 3-2
Lyon-Barcelone (Esp) : 2-2
Glasgow Rangers (Éco)-Lyon : 0-3
Barcelone (Esp)-Stuttgart (All) : 3-1

Classement : 1. Barcelone (Esp), 14 pts ; 2. Lyon, 10 pts ; 3. Glasgow Rangers (Éco), 7 pts ; 4. Stuttgart (All), 3 pts.

GROUPE F

Sporting Portugal (Por)-Manchester United (An) : 0-1
AS Roma (Ita)-Dynamo Kiev (Ukr) : 2-0
Manchester United (Ang)-AS Roma (Ita) : 1-0
Dynamo Kiev (Ukr)-Sporting Portugal (Por) : 1-2
Dynamo Kiev (Ukr)-Manchester United (Ang) : 2-4
AS Roma (Ita)-Sporting Portugal : 2-1
Sporting Portugal (Por)-AS Roma (Ita) : 2-2
Manchester United (Ang)-Dynamo Kiev (Ukr) : 4-0
Dynamo Kiev (Ukr)-AS Roma (Ita) : 1-4
Manchester United (Ang)-Sporting Portugal (Por) : 2-1
AS Roma (Ita)-Manchester United (Ang) : 1-1
Sporting Portugal (Por)-Dynamo Kiev (Ukr) : 3-0

Classement : 1. Manchester United (Ang), 16 pts ; 2. AS Roma (Ita), 11 pts ; 3. Sporting Portugal (Por), 7 pts ; 4. Dynamo Kiev (Ukr), 0.

GROUPE G

Fenerbahçe (Tur)-Inter Milan (Ita) : 1-0
Eindhoven (P-B)-CSKA Moscou (Rus) : 2-1
CSKA Moscou (Rus)-Fenerbahçe (Tur) : 2-2
Inter Milan (Ita)-Eindhoven (Tur) : 2-0
CSKA Moscou (Rus)-Inter Milan (Ita) : 1-2
Eindhoven (P-B)-Fenerbahçe (Tur) : 0-0
Fenerbahçe (Tur)-Eindhoven (Tur) : 2-0
Inter Milan (Ita)-CSKA Moscou (Rus) : 4-2
CSKA Moscou (Rus)-Eindhoven (P-B) : 0-1
Inter Milan (Ita)-Fenerbahçe (Tur) : 3-0
Eindhoven (P-B)-Inter Milan (Ita) : 0-1
Fenerbahçe (Tur)-CSKA Moscou (Rus) : 3-1

Classement : 1. Inter Milan (Ita), 15 pts ; 2. Fenerbahçe (Tur), 11 pts ; 3. Eindhoven (P-B), 7 pts ; 4. CSKA Moscou (Rus), 1 pt.

GROUPE H

Slavia Prague (Tch)-Steaua Bucarest (Rou) : 2-1
Arsenal (Ang)-FC Séville (Esp) : 3-0
Steaua Bucarest (Rou)-Arsenal (Ang) : 0-1
FC Séville (Esp)-Slavia Prague (Tch) : 4-2
Arsenal (Ang)-Slavia Prague (Tch) : 7-0
FC Séville (Esp)-Steaua Bucarest (Rou) : 2-1
Slavia Prague (Tch)-Arsenal (Ang) : 0-0

Steaua Bucarest (Rou)-FC Séville (Esp) : 0-2
Steaua Bucarest (Rou)-Slavia Prague (Tch) : 1-1
FC Séville (Esp)-Arsenal (Ang) : 3-1
Arsenal (Ang)-Steaua Bucarest (Rou) : 2-1
Slavia Prague (Tch)-FC Séville (Esp) : 0-3

Classement : 1. FC Séville (Esp), 15 pts ; 2. Arsenal (Ang), 13 pts ; 3. Slavia Prague (Tch), 5 pts ; 4. Steaua Bucarest (Rou), 1 pt.

HUITIÈMES DE FINALE

Chelsea (Ang)-Olympiakos (Grè) : 3-0, 0-0
Manchester United (Ang)-Lyon : 1-0, 1-1
Barcelone (Esp)-Celtic Glasgow (Éco) : 1-0, 3-2
Real Madrid (Esp)-AS Roma (Ita) : 1-2, 1-2
Inter Milan (Ita)-Liverpool (Ang) : 0-1, 0-2
Milan AC (Ita)-Arsenal (Ang) : 0-2, 0-0
Schalke 04 (All)-FC Porto (Por) : 1-0, 0-1 a.p. (4 t.a.b. à 1)
Fenerbahçe (Tur)-FC Séville (Esp) : 3-2, 2-3 a.p. (3 t.a.b. à 2)

QUARTS DE FINALE

Liverpool (Ang)-Arsenal (Ang) : 1-1, 4-2
Manchester United (Ang)-AS Roma (Ita) : 2-0, 1-0
Barcelone (Esp)-Schalke 04 (All) : 1-0, 1-0
Chelsea (Ang)-Fenerbahçe (Tur) : 1-2, 2-0

DEMI-FINALES

Barcelone (Esp)-Manchester United (Ang) : 0-0, 0-1
Liverpool (Ang)-Chelsea (Ang) : 1-1, 2-3 a.p.

FINALE

Mercredi 21 mai au stade Luzhniki de Moscou
MANCHESTER UNITED (Ang)-Chelsea (Ang) 1-1 a.p. (1-1, 1-1), 6 t.a.b. à 5
Buts : Manchester : Cristiano Ronaldo (26e) ; Chelsea : Lampard (45e).
Tirs au but réussis. Manchester United: Tevez, Carrick, Hargreaves, Nani, Anderson, Giggs ; Chelsea: Ballack, Belletti, Lampard, A. Cole, Kalou.
Tirs au but manqués. Manchester United: Cristiano Ronaldo ; Chelsea: Terry, Anelka.
Manchester United : Van der Sar - Brown (Anderson, 120e + 5), Ferdinand (cap.), Vidic, Evra - Hargreaves, Scholes (Giggs, 87e), Carrick, Cristiano Ronaldo - Rooney (Nani, 102e), Tevez. Ent. : Ferguson.
Chelsea : Cech - Essien, Carvalho, Terry (cap.), A. Cole - Lampard, Makelele (Belletti, 120e + 5), Ballack - J. Cole (Anelka, 99e), Drogba, Malouda (S. Kalou, 92e). Ent. : Grant.

CLASSEMENT DES BUTEURS

1. C. Ronaldo (Manchester United), 8 buts ;
2. Drogba (Chelsea), Gerrard, Fernando Torres (Liverpool) et Messi (Barcelone), 6 buts ;
6. Raúl (Real Madrid), Babel (Liverpool), Kuyt (Liverpool), Deivid (Fenerbahçe), Kanouté (FC Séville) et Ibrahimovic (Inter Milan), 5 buts;
12. Vučinić (AS Roma), Liedson (Sporting Portugal), Rooney (Manchester United), Tévez (Manchester United), Fábregas (Arsenal), Luis Fabiano (FC Séville), Lampard (Chelsea), Benzema (Lyon), Inzaghi (Milan AC), van Nistelrooy (Real Madrid), Robinho (Real Madrid) et Pandev (Lazio Rome), 4 buts ; ...

LE PALMARÈS

9 victoires : Real Madrid (1956, 1957, 1958, 1959, 1960, 1966, 1998, 2000, 2002)
6 victoires : Milan AC (1963, 1969, 1989, 1990, 1994, 2003)
5 victoires : Liverpool (1977, 1978, 1981, 1984, 2005)
4 victoires : Ajax Amsterdam (1971, 1972, 1973, 1995) et Bayern Munich (1974, 1975, 1976, 2001)
3 victoires : Manchester United (1968, 1999, 2008)
2 victoires : Benfica Lisbonne (1961, 1962), Inter Milan (1964, 1965), Juventus Turin (1985, 1996), Nottingham Forest (1979, 1980), FC Porto (1987, 2004) et FC Barcelone (1992, 2006).
1 victoire : Celtic Glasgow (1967), Feyenoord Rotterdam (1970), Aston Villa (1982), Hambourg (1983), Steaua Bucarest (1986), Eindhoven (1988), Étoile rouge Belgrade (1991), Marseille (1993) et Borussia Dortmund (1997).

BILAN PAR PAYS

11 victoires : Espagne, Italie, Angleterre
6 victoires : Allemagne et Pays-Bas
4 victoires : Portugal
1 victoire : Écosse, France, Roumanie et Yougoslavie

SUPERCOUPE D'EUROPE

Au stade Louis II de Monaco le 31 août 2007
MILAN AC (Ita)-FC Séville (Esp) 3-1 (0-1)
Buts. Milan AC : Inzaghi (56e), Jankulovski (62e), Kaká (87e, s.p.) ; FC Séville : Renato (14e).

COUPE INTERTOTO 2007

TROISIÈME TOUR

Cherno More Varna (Bul)-Sampdoria (Ita) : 0-1, 0-1
Bistrita (Rou)-Atlético Madrid (Esp) : 2-1, 0-1
Otelul (Rou)-Trabzonspor (Tur) : 2-1, 2-1
Tchernomorets Odessa (Ukr)-Lens : 0-0, 1-3
Rapid Vienne (Aut)-Rubin (Rus) : 3-1, 0-0
Dacia (Rou)-Hambourg (All) : 1-1, 0-4
Gent (Bel)-Aalborg (Dan) : 1-1, 1-2
Vètra (Lit)-Blackburn (Ang) : 0-2, 0-4
Hammarby (Suè)-Utrecht (P-B) : 0-0, 1-1
Tobol Kostanay (Kaz)-OFI (Crè) : 1-0, 1-0
Kula (Ser)-Leira (Por) : 1-0, 1-4 a.p.

COUPE DE L'UEFA

PREMIER TOUR PRÉLIMINAIRE

Lilleström (Nor)-Käerjéng (Lux) : 2-1, 0-1
Metalurgs (Let)-Brest (Bel) : 1-1, 2-1
Ried (Aut)-Neftci (Aze) : 3-1, 1-2
Dinamo Tbilissi (Geo)-Vaduz (Lie) : 2-0, 0-0
Aktobe (Kaz)-Mattersburg (Aut) : 1-0, 2-4
Torshavn (Fer)-Ekranas (Lit) : 1-3, 2-3
Libertas (San)-Drogheda (Irl) : 1-1, 0-3
Rhyl (Gal)-Haka (Fin) : 3-1, 0-2
MTK Budapest (Hon)- FC Myka Erevan (Arm) : 2-1, 0-1
MKT Araz (Aze)- Groclin Grodzisk Wielkopolski (Pol) : 0-0, 0-1
Belchatow (Pol)-Ameri Tbilissi (Geo) : 2-0, 0-2 (4 t.a.b. à 2)
Artmedia Petrzalka (Slo)-Zimbru Chisinau (Mol) : 1-1, 2-2
Banants Erevan (Arm)-Young Boys Berne (Suis) : 1-1, 0-4
Nistru Otaci (Mol)-Honved Budapest (Hon) : 1-1, 1-1 (4 t.a.b. à 5)
Santa Coloma (And)-Maccabi Tel-Aviv (Isr) : 1-0, 0-4
Siroki Brijeg (Bos)-Koper (Slo) : 3-1, 3-2
Vardar Skopje (Mac)-Anorthosis Famaguste (Chy) : 0-1, 0-1
Gorica (Slo)-Rabotnicki Skopje (Mac) : 1-2, 1-2
Zrinjski Mostar (Bos)-Partizan Berlgrade (Ser) : 1-6, 0-5
Zlaté Moravce (Slo)-Alma-Ata (Kaz) : 3-1, 1-1
Buducnost Podgorica (Mon)-Hadjuk Split (Cro) : 1-1, 0-1
Omonia Nicosie (Chy)-Rudar Pljevlja (Mon) : 2-0, 2-0
Slaven Loprivnica (Cro)-Teuta Durres (Alb) : 6-2, 2-2
Bezanija (Ser)-Besa (Alb) : 2-2, 0-0
Sliema (Mal)-Litex Lovech (Bul) : 0-3, 0-4
Vojvodina Novi Sad (Ser)-Hibernians (Éco) : 5-1, 2-0
Skonto Riga (Let)-Dinamo Minsk (Bel): 1-1, 0-2
Helsingborg (Suè)-Trans Narva (Est) : 6-0, 3-0
Keflavik (Isl)-Midtjylland (Dan) : 3-2, 1-2
Häcken (Suè)-KR Reykjavik (Isl) : 1-1, 1-0
Saint-Patrick Dublin (Irl)-Odense BK (Dan) : 0-0, 0-5
Helsinki (Fin)-Etzella Ettelbrück (Lux) : 2-0, 1-0
Glentoran (G-B)-AIK Solna (Suè) : 0-5, 0-4
Carmarthen (Gal)-Brann (Nor) : 0-8, 3-6
Flora Tallinn (Est)-Valerenga Oslo (Nor) : 0-1, 0-1
Myllyskosken Pallo (Fin)-Streymur (Fer) : 1-0, 1-1
Dungannon (G-B)-Süduva (Lit) : 1-0, 0-4

DEUXIÈME TOUR PRÉLIMINAIRE

Young Boys Berne (Sui)-Lens : 1-1, 1-5
Honved Budapest (Hon)-Hambourg (All) : 0-0, 0-4
Myllyskosken Pallo (Fin)-Blackburn (Ang) : 0-1, 1-1
Ried (Aut)-Sion (Sui) : 1-1, 0-3
Slaven Koprivnica (Cro)-Galatasaray (Tur) : 1-2, 1-2
Cluj-Napoca (Rou)-Anorthosis Famagouste (Chy) : 1-3, 0-0
Austria Vienne (Aut)-Jablonek (Tch) : 4-3, 1-1
Drogheda (Irl)-Helsingborg (Suè) : 1-1, 0-3
Ekranas (Lit)-Valerenga Oslo (Nor) : 1-1, 0-6
Omonia Nicosie (Chy)-CSKA Sofia (Bul) : 1-1, 1-2
Dinamo Tbilissi (Geo)-Rapid Vienne (Aut) : 0-3, 0-5
Siroki Brijeg (Bos)-Hapoël Tel-Aviv (Isr) : 0-3, 0-3
Lokomotiv Sofia (Bul)-Otelul (Rou) : 3-1, 0-0
Zlaté Moravce (Slo)-Zénith Saint-Pétersbourg (Rus) : 0-2, 0-3

Dinamo Minsk (Bel)-Odense (Dan) : 1-1, 0-4
Metalurgs Liepaja (Let)-AIK Stockholm (Suè) : 3-2, 0-2
Ateltico Madrid (Esp)-Vojvodina Novi Sad (Ser) : 3-0, 2-1
Helsinki (Fin)-Aalborg (Dan) : 2-1, 0-3
Rabotnicki Skopje (Mac)-Zrinjski (Bos) : 0-0, 2-1
Brann Bergen (Nor)-Suduva (Lit) : 2-1, 4-3
Tobol Kostanay (Kaz)-Groclin Grodzik Wielkopolski (Pol) : 0-1, 0-2
Kaerjeng (Lux)-Standard Liège (Bel) : 0-3, 0-1
Uniao Leiria (Por)-Maccabi Natanyash (Isr) : 0-0, 1-0
Mika Ashtarak (Arm)-Artmedia Bratislava (Slq) : 2-1, 0-2
Maccabi Tel-Aviv (Isr)-Kayseri Erciyesspor (Tur) : 1-1, 1-3
Besa Kavajë (Alb)-Litex Lovetch (Bul) : 0-3, 0-3
Haka Valkeakoski (Fin)-Midtjylland (Dan) : 1-2, 2-5
FC Bâle (Sui)-Mattersburg (Aut) : 2-1, 4-0
Dniepropetrovsk (Ukr)-Belchatow (Pol) : 1-1, 4-2
Hammarby (Suè)-Fredrikstad (Nor) : 2-1, 1-1
Dunfermline (Éco)-Hacken (Suè) : 1-1, 0-1

PREMIER TOUR

Stockholm (Suè)-Hapoël Tel Aviv (Isr) : 0-0, 0-1
Aberdeen (Éco)-Dniepropetrovsk (Ukr) : 0-0, 1-1
Paços Ferreira (Por)-Alkmaar (P-B) : 0-1, 0-0
Artmedia Bratislava (Slq)-Panathinaïkos Athènes (Grè) : 1-2, 0-3
Empoli (Ita)-Zurich (Sui) : 2-1, 0-3
Sion (Sui)-Galatasaray (Tur) : 3-2, 1-5
FK Sarajevo (Bos)-Bâle (Sui) : 1-2, 0-6
Toulouse-CSKA Sofia (Bul) : 0-0, 1-1
Tampere (Fin)-Bordeaux : 2-3, 1-1
AEK Athènes (Grè)-Salzbourg (Aut) : 3-0, 0-1
Sochaux-Panionios Athènes (Grè) : 0-2, 1-0
Brann Bergen (Nor)-Bruges (Bel) : 0-1, 2-1
Nuremberg (All)-Rapid Bucarest (Rou) : 0-0, 2-2
Hammarby (Suè)-Braga (Por) : 2-1, 0-4
Litex Lovetch (Bul)-Hambourg (All) : 0-1, 1-3
Bayern Munich (All)-Belenenses (Por) : 1-0, 2-0
Heerenveen (P-B)-Helsingborg (Suè) : 5-3, 1-5
Villareal (Esp)-Bate Borisov (Blr) : 4-1, 2-0
Austria Vienne (Aut)-Välerenga Oslo (Nor) : 2-0, 2-2
Anderlecht (Bel)-Rapid Vienne (Aut) : 1-1, 1-0
Aris Salonique (Grè)-Saragosse (Esp) : 1-0, 1-2
Sampdoria Gênes (Ita)-Aalborg (Dan) : 2-2, 0-0
Lokomotiv Sofia (Bul)-Rennes : 1-3, 2-1
Midtjylland (Dan)-Lokomotiv Moscou (Rus) : 1-3, 0-2
Atletico Madrid (Esp)-Kayseri Erciyesspor (Tur) : 4-0, 5-0
Leverkusen (All)-Uniao Leiria (Por) : 3-1, 2-3
Everton (Ang)-Kharkov (Ukr) : 1-1, 3-2
Tottenham (Ang)-Anorthosis Famagouste (Chy) : 6-1, 1-1
Spartak Moscou (Rus)-Hacken (Suè) : 5-0, 3-1
Zénith Saint Pétersbourg (Rus)-Standard Liège (Bel) : 3-0, 1-1
Groclin Grodzisk (Pol)-Étoile rouge Belgrade (Ser) : 0-1, 0-1
Skopje (Mac)-Bolton (Ang) : 1-1, 0-1
Larisa (Grè)-Blackburn (Ang) : 2-0, 1-2
Dinamo Bucarest (Rou)-Boras (Suè) : 1-2, 1-0
Lens-Copenhague (Dan) : 1-1, 1-2 a.p.
Getafe (Esp)-Twente (P-B) : 1-0, 2-3 a.p.
Dinamo Zagreb (Cro)-Ajax Amsterdam (P-B) : 0-1, 3-2 a.p.
Sparta Prague (Tch)-Odense (Dan) : 0-0, 0-0, 4 t.a.b. à 3
Groningen (P-B)-Fiorentina (Ita) : 1-1, 1-1, 3 t.a.b. à 4
Mlada Boleslav (Tch)-Palerme (Ita) : 0-1, 1-0, 4 t.a.b. à 2

DEUXIÈME PHASE

GROUPE A

Zénith Saint-Pétersbourg (Rus)-Alkmaar (P-B) : 1-1
Everton (Ang)-Larisa (Grè) : 3-1
Larisa (Grè)-Zénith Saint-Pétersbourg (Rus) : 2-3
Nuremberg (All)-Everton (Ang) : 0-2
Zénith Saint-Pétersbourg (Rus)-Nuremberg (All) : 2-2
Alkmaar (P-B)-Larisa (Grè) : 1-0
Everton (Ang)-Zénith Saint-Pétersbourg (Rus) : 1-0
Nuremberg (All)-Alkmaar (P-B) : 2-1
Larisa (Grè)-Nuremberg (All) : 1-3
Alkmaar (P-B)-Everton (Ang) : 2-3

Classement : 1. Everton (Ang), 12 pts ; 2. Nuremberg (All), 7 pts ; 3. Zénith Saint-Pétersbourg (Rus), 5 pts ; 4. Alkmaar (P-B), 4 pts, 5. Larisa (Grè), 0.

GROUPE B

Panathinaïkos Athènes (Grè)-Aberdeen (Éco) : 3-0
Lokomotiv Moscou (Rus)-Atletico Madrid (Esp) : 3-3
Copenhague (Dan)-Panathinaïkos Athènes (Grè) : 0-1
Aberdeen (Éco)-Lokomotiv Moscou (Rus) : 1-1
Lokomotiv Moscou (Rus)-Copenhague (Dan) : 0-1
Atletico Madrid (Esp)-Aberdeen (Éco) : 2-0
Copenhague (Dan)-Atletico Madrid (Esp) : 0-2
Panathinaïkos Athènes (Grè)-Lokomotiv Moscou (Rus) : 2-0
Atletico Madrid (Esp)-Panathinaïkos Athènes (Grè) : 2-1
Aberdeen (Éco)-Copenhague (Dan) : 4-0

Classement : 1. Atletico Madrid (Esp), 10 pts ; 2. Panathinaïkos Athènes (Grè), 9 pts ; 3. Aberdeen (Éco), 4 pts ; 4. Copenhague (Dan), 3 pts ; 5. Copenhague (Dan), 3 pts ; 5. Lokomotiv Moscou (Rus), 2 pts.

GROUPE C

Boras (Suè)-AEK Athènes (Gr) : 1-1
Villareal (Esp)-Fiorentina (Ita) : 1-1
Mlada Boleslav (Tch)-Villareal (Esp) : 1-2
Fiorentina (Ita)-Boras (Suè) : 6-1
Boras (Suè)-Mlada Boleslav (Tch) : 1-3
AEK Athènes (Grè)-Fiorentina (Ita) : 1-1
Mlada Boleslav (Tch)-AEK Athènes (Grè) : 0-1
Villareal (Esp)-Boras (Suè) : 2-0
AEK Athènes (Grè)-Villareal : 1-2
Fiorentina (Ita)-Mlada Bioleslav (Tch) : 2-1

Classement : 1. Villareal (Esp), 10 pts ; 2. Fiorentina (Ita), 8 pts ; 3. AEK Athènes (Grè), 5 pts ; 4. Mlada Boleslav (Tch), 3 pts ; 5. Boras (Suè), 1 pt.

GROUPE D

Brann Bergen (Nor)-Hambourg (All) : 0-1
Bâle (Sui)-Rennes : 1-0
Rennes-Brann Bergen (Nor) : 1-1
Dinamo Zagreb (Cro)-Bâle (Sui) : 0-0
Hambourg (All)-Rennes : 3-0
Brann Bergen (Nor)-Dinamo Zagreb (Cro) : 2-1
Dinamo Zagreb (Cro)-Hambourg (All) : 0-2
Bâle (Sui)-Brann Bergen (Nor) : 1-0
Hambourg (All)-Bâle (Sui) : 1-1
Rennes-Dinamo Zagreb (Cro) : 1-1

Classement : 1. Hambourg (All), 10 pts ; 2. Bâle (Sui), 8 pts ; 3. Brann Bergen (Nor), 4 pts ; 4. Dinamo Zagreb (Cro), 2 pts ; 5. Rennes, 2 pts.

GROUPE E

Sparta Prague (Tch)-Zurich (Sui) : 1-2
Leverkusen (All)-Toulouse : 1-0
Spartak Moscou (Rus)-Leverkusen (All) : 2-1
Toulouse-Sparta Prague (Tch) : 2-3
Sparta Prague (Tch)-Spartak Moscou (Rus) : 0-0
Zurich (Sui)-Toulouse : 2-0
Spartak Moscou (Rus)-Zurich (Sui) : 1-0
Leverkusen (All)-Sparta Prague (Tch) : 1-0
Zurich (Sui)-Leverkusen (All) : 0-5
Toulouse-Spartak Moscou (Rus) : 2-1

Classement : 1. Leverkusen (All), 9 pts ; 2. Spartak Moscou (Rus), 7 pts ; 3. Zurich (Sui), 6 pts ; 4. Sparta Prague (Tch), 4 pts ; 5. Toulouse, 3 pts.

GROUPE F

Bolton (Ang)-Braga (Por) : 1-1
Étoile rouge Belgrade (Ser)-Bayern Munich (All) : 2-3
Bayern Munich (All)-Bolton (Ang) : 2-2
Aris Salonique (Grè)-Étoile rouge Belgrade (Ser) : 3-0
Braga (Por)-Bayern Munich (All) : 1-1
Bolton (Ang)-Aris Salonique (Grè) : 1-1
Aris Salonique (Grè)-Braga (Por) : 1-1
Étoile rouge Belgrade (Ser)-Bolton (Ang) : 0-1
Braga (Por)-Étoile rouge Belgrade (Ser) : 2-0
Bayern Munich (All)-Aris Salonique (Grè) : 6-0

Classement : 1. Bayern Munich (All), 8 pts ; 2. Braga (Por), 6 pts ; 3. Bolton (Ang), 6 pts ; 4. Aris Salonique (Grè), 5 pts ; 5. Étoile rouge Belgrade (Ser), 0.

GROUPE G

Anderlecht (Bel)-Hapoël Tel Aviv (Isr) : 2-0
Tottenham (Ang)-Getafe (Esp) : 1-2
Hapoël Tel Aviv (Isr)-Tottenham (Ang) : 0-2
Aalborg (Dan)-Anderlecht (Bel) : 1-1
Getafe (Esp)-Hapoël Tel Aviv (Isr) : 1-2
Tottenham (Ang)-Aalborg (Dan) : 3-2
Anderlecht (Bel)-Tottenham (Ang) : 1-1
Aalborg (Dan)-Getafe (Esp) : 1-2
Getafe (Esp)-Anderlecht (Bel) : 2-1
Hapoël Tel Aviv (Isr)-Aalborg (Dan) : 1-3

Classement : 1. Getafe (Esp), 9 pts ; 2. Tottenham (Ang), 7 pts ; 3. Anderlecht (Bel), 5 pts ; 4. Aalborg (Dan), 4 pts ; 5. Hapoël Tel Aviv (Isr), 3 pts.

GROUPE H

Helsingborg (Suè)-Panionios Athènes (Grè) : 1-1

Bordeaux-Galatasaray (Tur) : 2-1
Galatasaray (Tur)-Helsingborg (Suè) : 2-3
Austria Vienne (Aut)-Bordeaux : 1-2
Panionios Athènes (Grè)-Galatasaray (Tur) : 0-3
Helsingborg (Suè)-Austria Vienne : 3-0
Bordeaux-Helsingborg (Suè) : 3-0
Austria Vienne (Aut)-Panionios Athènes (Grè) : 0-1
Panionios Athènes (Grè)-Bordeaux : 0-3
Galatasaray (Tur)-Austria Vienne (Aut) : 0-0

Classement : 1. Bordeaux, 12 pts ; 2. Helsingborg (Suè), 7 pts ; 3. Galatasaray (Tur), 4 pts (+1), 4. Panionios Athènes (Grè), 4 pts (-3) ; 5. Austria Vienne (Aut), 1 pt

SEIZIÈMES DE FINALE

Bordeaux-Anderlecht (Bel) : 1-1, 1-2
Bayern Munich (All)-Aberdeen (Éco) : 5-1, 2-2
Hambourg (All)-Zurich (Sui) : 0-0, 3-1
Nuremberg (All)-Benfica (Por) : 2-2, 0-1
Leverkusen (All)-Galatasaray (Tur) : 5-1, 0-0
Everton (Ang)-Brann Bergen (Nor) : 6-1, 2-0
Tottenham (Ang)-Slavia Prague (Tch) : 1-1, 2-1
Villareal (Esp)-Zénith Saint-Pétersbourg (Rus) : 2-1, 0-1
Atletico Madrid (Esp)-Bolton (Ang) : 0-0, 0-1
Fiorentina (Ita)-Rosenborg Trondheim (Nor) : 2-1, 1-0
Bâle (Sui)-Sporting Portugal (Por) : 0-3, 0-2
Spartak Moscou (Rus)-Marseille : 2-0, 0-3
Panathinaïkos Athènes (Grè)-Glasgow Rangers (Éco) : 1-1, 0-0
Helsingborg (Suè)-Eindhoven (P-B) : 1-2, 0-2
Braga (Por)-Brême (All) : 0-1, 0-3
Getafe (Esp)-AEK Athènes (Grè) : 3-0, 1-1

HUITIÈMES DE FINALE

Bayern Munich (All)-Anderlecht (Bel) : 1-2, 5-0
Brême (All)-Glasgow Rangers (Éco) : 1-0, 0-2
Hambourg (All)-Leverkusen (All) : 3-2, 0-1
Everton (Ang)-Fiorentina (Ita) : 2-0, 0-2, 2 t.a.b. à 4
Eindhoven (P-B)-Tottenham (Ang) : 0-1, 1-0, 6 t.a.b. à 5
Sporting Portugal (Por)-Bolton (Ang) : 1-0, 1-1
Zénith Saint-Pétersbourg (Rus)-Marseille : 2-0, 1-3
Getafe (Esp)-Benfica (Por) : 1-0, 2-1

QUARTS DE FINALE

Leverkusen (All)-Zénith Saint-Pétersbourg (Rus) : 1-4, 1-0
Glasgow Rangers (Éco)-Sporting Portugal (Por) : 0-0, 2-0
Bayern Munich (All)-Getafe (Esp) : 1-1, 3-3
Fiorentina (Ita)-Eindhoven (P-B) : 1-1, 2-0

DEMI-FINALES

Zénith Saint-Petersbourg (Rus)-Bayern Munich (All) : 1-1, 4-0
Fiorentina (Ita)-Glasgow Rangers (Éco) : 0-0, 0-0 (4 t.a.b. à 2)

FINALE

Mercredi 14 mai à Manchester (Ang)
ZENITH SAINT-PETERSBOURG (Rus)-Glasgow Rangers (Éco) 2-0 (0-0)
Buts : Denisov (72e), Zyrianov (90e + 4).
Saint-Pétersbourg: Malafeev - Anyukov, Krizanac, Shirokov, Sirl - Zyrianov, Tymoschuk (cap.), Denisov - Faizulin (Dong-Jin, 90e+3), Fatih, Arshavin. Ent. : Advocaat.
Glasgow Rangers: N. Alexander - Broadfoot, Weir, Cuellar, Papac (Nacho Novo, 77e) - Whittaker (Boyd 86e), Ferguson (cap.), Hemdani (McCulloch 80e), Thomson K., St. Davis – Darcheville. Ent. : Smith.

CLASSEMENT DES BUTEURS

1. Toni (Bayern Munich) et Pogrebnyak (Zénith Saint-Pétersbourg), 10 buts ; 3. Kiessling (Leverkusen), 7 buts ; 4. Omotoyossi (Helsingborg) et Larsson (Helsingborg), 6 buts...

LE PALMARÈS

3 victoires : Barcelone (1958, 1960, 1966), Valence (1962, 1963, 2004), Liverpool (1973, 1976, 2001), Juventus Turin (1977, 1990, 1993), Inter Milan (1991, 1994, 1998).
2 victoires : Leeds (1968, 1971), Tottenham (1972, 1984), Feyenoord (1974, 2002), Mönchengladbach (1975, 1979), Göteborg (1982, 1987), Real Madrid (1985, 1986), Parme (1994, 1999), FC Séville (2006, 2007).
1 victoire : AS Roma (1961), Saragosse (1964), Ferencvaros (1965), Dynamo Kiev (1967), Newcastle (1969), Arsenal (1970), Eindhoven (1978), Francfort (1980), Ipswich (1981), Anderlecht (1983), Leverkusen (1988), Naples (1989), Ajax Amsterdam (1992), Bayern Munich (1996), Schalke 04 (1997), Galatasaray (2000), FC Porto (2003), CSKA Moscou (2005), Zénith Saint-Pétersbourg (2008).

BILAN PAR PAYS

11 victoires : Espagne
10 victoires : Angleterre
9 victoires : Italie
6 victoires : Allemagne
4 victoires : Pays-Bas
2 victoires : Russie et Suède
1 victoire : Hongrie, Ukraine, Belgique, Portugal, Turquie

LE PARCOURS EUROPÉEN DES CLUBS FRANÇAIS

LYON

Ligue des champions, première phase, groupe E, 1re journée, mercredi 19 septembre 2007 à Barcelone
BARCELONE (Esp)-Lyon 3-0 (1-0)
Buts : Clerc (21e c.s.c.), Messi (83e), Henry (90e + 1).
Barcelone : Valdes - Zambrotta, Rafael Marquez, G. Milito, Abidal - Xavi (Dos Santos, 79e), Touré, Deco - Messi (Bojan, 88e), Ronaldinho (cap.) (Iniesta, 66e), Henry. Ent. : Rijkaard.
Lyon : Vercoutre - Clerc, Squillaci, Bodmer, Réveillère - Juninho (cap.), Toulalan, Källström (Kader Keita, 84e), Belhadj (Baros, 62e) - Govou, Benzema (Ben Arfa, 76e). Ent. : Perrin.

Ligue des champions, première phase, groupe E, 2e journée, mardi 2 octobre au stade Gerland
Lyon-GLASGOW RANGERS (Éco) 0-3 (0-1)
Buts : McCulloch (22e), Cousin (48e), Beasley (53e).
Lyon : Vercoutre - Réveillère (Clerc, 81e), Squillaci, Anderson, Grosso - Juninho (cap.), Bodmer (Ben Arfa, 59e), Källström - Govou, Baros (K. Keita, 59e), Benzema. Ent. : Perrin.
Glasgow Rangers : McGregor - Hutton, Cuellar, Weir, Papac - Beasley (Adam, 90e), Ferguson (cap.), Hemdani, Thomson, McCulloch (Nacho Novo, 80e) - Cousin (Whittaker, 66e). Ent. : Smith.

Ligue des champions, première phase, groupe E, 3e journée, mardi 23 octobre à Stuttgart
Stuttgart (All)-LYON 0-2 (0-0)
Buts : Fabio Santos (56e), Benzema (79e).
Stuttgart : Schäfer - Hilbert, Tasci, Meira (cap.), Osorio - Meissner (Khedira, 63e), Basturk Ewerthon, 71e), Pardo - Farnerud, Gomez, Cacau. Ent. : Veh.
Lyon : Vercoutre - Réveillère, Squillaci, Anderson, Grosso - Juninho (cap.), Fabio, Källström Govou (Clerc, 86e), Benzema (Bodmer, 84e), Ben Arfa (Kader Keita, 74e). Ent. : Perrin.

Ligue des champions, première phase, groupe E, 4e journée, mercredi 7 novembre au stade Gerland
LYON-Stuttgart (All) 4-2 (3-1)
Buts : Lyon : Ben Arfa (6e, 37e), Källström (15e), Juninho (90e + 3) ; Stuttgart : Gomez (16e, 56e).
Lyon : Vercoutre - Réveillère, Squillaci, Anderson, Grosso - Juninho (cap.), Fabio, Källström
Govou (Clerc, 90e + 2), Benzema (Belhadj, 82e), Ben Arfa (Kader Keita, 70e). Ent. : Perrin.
Stuttgart : Schäfer - Beck (Osorio, 77e), Tasci, Delpierre, Magnin (Farnerud, 81e) - Khedira, Meira (cap.), Basturk, Hitzlsperger - Gomez, Cacau (Marica, 58e). Ent. : Veh.

Ligue des champions, première phase, groupe E, 5e journée, mardi 27 novembre au stade Gerland
Lyon-Barcelone (Esp) 2-2 (1-1)
Buts : Lyon : Juninho (7e, 80e s.p.). Barcelone : Iniesta (3e), Messi (58e s.p.).
Lyon : Vercoutre - Réveillère, Squillaci, Anderson, Grosso - Fabio Santos (Källström, 68e), Toulalan, Juninho (cap.) - Govou, Fred (K. Keita, 60e), Ben Arfa (Rémy, 82e). Ent. : Perrin
FC Barcelone : Valdes – Zambrotta (Marquez, 82e), Puyol (cap.), G. Milito, Abidal - Xavi, Touré, Gudjohnsen (Ronaldinho, 71e) - Messi, Bojan, Iniesta. Ent. : Rijkaard.

Ligue des champions, première phase, groupe E, 6e et dernière journée, mercredi 12 décembre à Glasgow
Glasgow Rangers (Éco)-LYON 0-3 (0-1)
Buts : Govou (16e), Benzema (85e, 88e).
Glasgow Rangers : McGregor - Hutton, Cuellar, Weir, Papac (Darcheville, 71e) - Whittaker, Ferguson (cap), Hemdani (Boyd, 84e), Thomson, McCulloch – Cousin (Naismith, 46e). Ent. : Smith.
Lyon : Vercoutre - Clerc, Squillaci, Anderson, Grosso - Juninho (cap) (Baros, 85e), Toulalan, Källström - Govou (Réveillère, 77e), Benzema, Ben Arfa (Bodmer, 67e). Ent. : Perrin.

Ligue des champions, 8e de finale aller, mercredi 19 février au Stade Gerland
Lyon-Manchester United (Ang) 1-1 (0-0)
Buts : Lyon : Benzema (54e). Manchester : Tevez (87e).
Lyon : Coupet - Réveillère, Squillaci, Boumsong, Grosso - Juninho (cap.) (Bodmer, 74e), Toulalan, Källström - Clerc (Ben Arfa, 78e), Benzema (Fred, 83e), Govou. Ent. : Perrin.
Manchester Utd : Van der Sar - W. Brown, R. Ferdinand, Vidic, Evra - Cristiano, Ronaldo, Scholes (Tevez, 65e), Hargreaves (Carrick, 78e), Anderson, Giggs (cap.) (Nani, 65e) - Rooney. Ent. : Ferguson.

Ligue des champions, 8e de finale retour, mardi 4 mars à Manchester
MANCHESTER (Ang)-Lyon 1-0 (1-0)

But : Cristiano Ronaldo (41e).
Manchester Utd : Van der Sar - W. Brown, R. Ferdinand (cap.), Vidic, Evra - Cristiano Ronaldo (Hargreaves, 90e + 2), Fletcher, Carrick, Anderson (Tevez, 70e), Nani - Rooney. Ent. : Ferguson.
Lyon : Coupet - Clerc, Squillaci, Cris, Grosso - Govou (K. Keita, 67e), Juninho (cap.), Toulalan, Källström (Fred, 79e), Ben Arfa - Benzema. Ent. : Perrin.

MARSEILLE

Ligue des champions, première phase, groupe A, 1ère journée, mardi 18 septembre au stade Vélodrome

MARSEILLE-Besiktas (Tur) 2-0 (0-0)
Buts : Rodriguez (76e), D. Cissé (90e + 1).
Marseille : Mandanda - Bonnart, Faty, Rodriguez, Taiwo - Ziani, Cana (cap.), Nasri (Mbami, 88e), Zenden (Valbuena, 76e) - D. Cissé, Niang (Gragnic, 85e). Ent. : Emon
Besiktas : Arikan - Diatta, Toraman, Serdar (Kas, 25e), Ibrahim (cap.) - E. Cissé, Ricardinho (Avci, 44e), Tello, Delgado (Higuain, 75e) - Ozkan, Bobo. Ent. : Saglam.

Ligue des champions, première phase, groupe A, 2e journée, mercredi 3 octobre à Liverpool

Liverpool (Ang)-MARSEILLE 0-1 (0-0)
But : Valbuena (77e).
Liverpool : Reina - Finnan, Carragher, Hyypiä, Fabio Aurelio (Voronin, 70e) - Benayoun, Gerrard (cap.), M. Sissoko, Leto (Riise, 52e) - Torres, Crouch (Kuyt, 76e). Ent. : Benitez.
Marseille : Mandanda - Bonnart, Rodriguez, Givet, Taiwo - Cana (cap.), Be. Cheyrou – Valbuena (Oruma, 84e), Ziani, Zenden (Arrache, 88e) - Niang (Cissé, 70e). Ent. : Gerets.

Ligue des champions, première phase, groupe A, 3e journée, mercredi 24 octobre au Stade Vélodrome

Marseille-FC Porto (Por) 1-1 (0-0)
Buts : Marseille : Niang (69e) ; FC Porto : Lucho (79e s.p.).
Marseille : Mandanda - Bonnart, R. Zubar, Faty, Givet (Taiwo, 68e) - Niang, Cana (cap.), Valbuena, Be. Cheyrou, Zenden (Arrache, 55e) - D. Cissé (Ayew, 88e). Ent. : Gerets.
FC Porto : Helton - Bosingwa, Stepanov, Alves, Fucile - Lucho (cap.), Assunçao, Meireles (Lima, 72e) - Quaresma, Lopez, Gonzalez (Postiga, 46e). Ent. : Ferreira.

Ligue des champions, première phase, groupe A, 4e journée, mardi 6 novembre à Porto

FC PORTO (Por)-Marseille 2-1 (1-0)
Buts : Porto : Sektioui (27e), Lisandro López (78e). Marseille : Niang (47e).
Porto : Helton - Bosingwa, Stepanov, Alves (cap.), Fucile - Meireles (Bolatti, 68e), Assunçao, Cech (Postiga, 59e) - Quaresma, Lisandro López, Sektioui (Gonzalez, 87e). Ent. : Ferreira.
Marseille : Mandanda - Bonnart, Givet, J. Rodriguez, Taïwo - Valbuena, MBami (Be. Cheyrou, 84e), Nasri, Cana (cap.), Ayew (Arrache, 77e) - Niang (D. Cissé, 63e). Ent. : Gerets.

Ligue des champions, première phase, groupe A, 5e journée, mercredi 28 novembre à Istanbul

BESIKTAS (Tur)-Marseille 2-1 (1-0)
Buts : Besiktas : Tello (25e), Bobô (88e). Marseille : Taïwo (65e).
Besiktas : Rüstü - Tandogan, Mercimek, Toraman, Üzülmez (cap.) - Se. Özkan (Nobre, 77e), E. Cissé (Avci, 20e), Delgado, Ricardinho (Akin, 66e), Tello - Bobô. Ent. : Saglam
Marseille : Mandanda - R. Zubar (Taïwo, 46e), Givet, J. Rodriguez, Bonnart - Nasri (D. Cissé, 26e), Cana (cap.), Valbuena, Be. Cheyrou, Zenden (Ayew, 54e) - Niang. Ent. : Gerets.

Ligue des champions, première phase, groupe A, 6e et dernière journée, mardi 11 décembre au Stade Vélodrome

Marseille-LIVERPOOL 0-4 (0-2)
Buts : Gerrard (4e), Fernando Torres (11e), Kuyt (48e), Babel (90e + 1).
Marseille : Mandanda - Bonnart, Givet (Faty, 45e + 3), J. Rodriguez, Taïwo - K. Ziani, Cana (cap.), Valbuena, Be. Cheyrou (Nasri, 34e), Zenden (D. Cissé, 46e) - Niang. Ent. : Gerets.
Liverpool : Reina - Arbeloa, Carragher, Hyypia, Riise - Benayoun, Gerrard (cap.), Mascherano, Kewell (Aurelio, 67e) - Kuyt (Leiva, 86e), Torres. Ent. : Benitez.

Coupe de l'UEFA, 16e de finale aller, mercredi 13 février au Stade Vélodrome

MARSEILLE-Spartak Moscou (Rus) 3-0 (0-0)
Buts : Be. Cheyrou (61e), Taiwo (68e), Niang (79e).
Marseille : Mandanda - Bonnart, Faty (Kaboré, 46e), Givet, Taiwo - Valbuena (Zenden, 77e), Cana (cap.), Nasri, Be.Cheyrou - Niang (Oruma, 83e), Cissé. Ent. : Gerets.
Spartak Moscou : Pletikosa - Parchivlyuk, Kovac, Stranzl, Kudryashov - Bystrov (Pavlyuchenko, 69e), Mozart, Titov (cap.), Maidana (Dineev, 65e) - Welliton, Pavlenko (Prudnikov, 84e). Ent. : Cherchesov.

Coupe de l'UEFA, 16e de finale retour, jeudi 21 février à Moscou

SPARTAK MOSCOU (Rus)-Marseille 2-0 (1-0)
Buts : Pavlenko (39e), Pavlyutchenko (85e).
Spartak Moscou : Pletikosa – Parchivlyuk (Dedura, 88e), Kovac, Stranzl, Kudryashov – Mozart – Pavlenko, Titov (cap., puis Bystrov, 76e), Maidana – Pavlyuchenko – Welliton (Dzyuba, 71e). Ent. : Cherchesov.
Marseille : Mandanda - Bonnart, Cana (cap.), Givet, Taiwo – Valbuena, Nasri (Zenden, 59e), Niang (Ziani, 79e) – Cissé. Ent. : Gerets.

Coupe de l'UEFA, 8e de finale aller, jeudi 6 mars au Stade Vélodrome

MARSEILLE-Zénith Saint Pétersbourg (Rus) 3-1 (1-0)
Buts : OM : Cissé (37e, 55e), Niang (48e) ; Zénith : Archavine (82e).
Marseille : Mandanda – Bonnart, Faty (Zubar, 44e), Givet, Taiwo – Mbami, Cheyrou – Valbuena, Nasri (Kaboré, 89e), Niang (Zenden, 63e) – Cissé. Ent. : Gerets.
Saint-Pétersbourg : Malafeev - Anyukov, Gorchkov, Krizanac, Kim – Faizouline (Radimov, 80e), Zyrianov, Timotchouk (cap.), Ricksen (Denisov, 70e), Archavine – Pogrebniak. Ent. : Advocaat.

Coupe de l'UEFA, 8e de finale retour, mercredi 12 mars à Moscou

ZENITH SAINT-PÉTERSBOURG (Rus)-Marseille 2-0 (1-0)
Buts : Pogrebniak (39e, 78e).
Zénith : Malafeev - Anyukov, Shirokov, Krizanac, Sirl – Faizouline (Fatih, 76e), Zyrianov, Denisov, Timotchouk (cap.) – Arshavin, Pogrebniak. Ent. : Advocaat.
Marseille : Mandanda - Bonnart, Cana (cap.), Givet (Ayew, 89e), Taiwo - Mbami, Cheyrou – Valbuena, Nasri, Niang – Cissé. Ent. : Gerets.

BORDEAUX

Premier tour aller de la Coupe de l'UEFA, jeudi 20 septembre à Tampere

Tampere (Fin)-BORDEAUX 2-3 (1-0)
Buts : Tampere : Wiss (8e), Petrescu (69e) ; Bordeaux : Cavenaghi (49e, 90e+3), Micoud (90e + 2).
Tampere : Kaven (cap.) – Aho (Hynynen, 64e), Lindström, Kujala, Ojanperä – Wiss, Petrescu, Myntti – Järvinen, Daniel, Pohja. Ent. : Hjelm.
Bordeaux : Ramé (cap.) – Jemmali, Brégerie, Diawara, Marange – Obertan, Ducasse, Fernando (Wendel, 64e), Trémoulinas (Micoud, 64e) – Cavenaghi, Chamakh. Ent. : Blanc.

Premier tour retour de la Coupe de l'UEFA, jeudi 4 octobre au stade Chaban-Delmas

Bordeaux-Tampere (Fin) 1-1 (0-0)
Buts : Bordeaux : Chamakh (49e) ; Tampere : Ojanperä (50e).
Bordeaux : Ramé (cap.) – Jemmali, Brégerie, Planus (Diawara, 46e), Marange – Obertan, Ducasse, Diarra (Micoud, 67e), Trémoulinas – Chamakh, Cavenaghi (Alonso, 75e). Ent. : Blanc.
Tampere : Kaven (cap.) – Aho, Lindström, Kujala, Myntti, Järvinen – Pohja, Savolainen, Ojanperä – Daniel, (J. Hejlm, 81e), Niemi. Ent. : Hjelm.

Coupe de l'UEFA, phase de poule, groupe H, 1ère journée, jeudi 25 octobre au stade Chaban-Delmas

BORDEAUX-Galatasaray (Tur) 2-1 (0-1)
Buts : Bordeaux : Cavenaghi (53e), Chamakh (63e) ; Galatasaray : Nonda (21e, s.p.).
Bordeaux : Ramé (cap.) – Chalmé, Jemmali (Planus, 30e), Diawara, Marange – Ducasse, Fernando (Diarra, 61e), Trémoulinas (Wendel, 75e) – Micoud – Chamakh, Cavenaghi. Ent. : Blanc.
Galatasaray : Orkun – Ugur Uçar (Carrusca, 78e), Song, Servet, Volkan – Hasan Sas (cap.), Baris (Mehmet Topal, 72e), Linderoth (Serkan, 86e), Arda – Nonda, Umit Karan. Ent. : Feldkamp.

Coupe de l'UEFA, phase de poule, groupe H, 2e journée, jeudi 8 novembre à Vienne

Austria Vienne (Aut)-BORDEAUX 1-2 (1-1)
Buts : Vienne : Kuljic (5e) ; Bordeaux : Chamakh (45e), Wendel (87e, s.p.).
Vienne : Safar – Troyansky, Bak, Schiemer, Gercaliu – Standfest, Metz, Sariyar, Acimovic (cap, puis Lasnic, 82e) – Lafata (Sulimani, 64e), Kuljic (Mair, 74e). Ent. : Zellhofer
Bordeaux : Ramé (cap.) – Chalmé, Diawara, Planus, Trémoulinas - Ducasse, Fernando, Wendel - Micoud – Obertan (Bellion, 76e), Chamakh. Ent. : Blanc.

Coupe de l'UEFA, phase de poule, groupe H, 4e journée, jeudi 6 décembre au stade Chaban-Delmas

BORDEAUX-Helsingborg (Suè) 2-1 (1-1)
Buts : Bordeaux : Chamakh (12e), Jussiè (69e) ; Helsingborg : Larsson (17e).
Bordeaux : Ramé (cap.) – Chalmé, Henrique, Planus, Marange – Obertan, Fernando, Ducasse (Diara, 61e), Trémoulinas (Alonso, 62e) – Chamakh (Cavenaghi, 73e), Jussiè. Ent. : Blanc.
Helsingborg : D. Andersson – Whalstedt, Jakobsson, Rönningberg, Tamboura – Makondele (Unkuri, 86e), Skulasson (Chansa, 85e), Lantz, C. Andersson – Omotoyossi (Svanbäck, 71e), Larsson (cap.). Ent. : Baxter.

Coupe de l'UEFA, phase de poule, groupe H, 5e journée et dernière journée, mercredi 19 décembre à Athènes

Panionios Athènes (Grè)-BORDEAUX 2-3 (2-1)
Buts : Panionios : Djebbour (6e, s.p.), Makos (20e) ; Bordeaux : Cavenaghi (39e), Trémoulinas (74e), Moimbe (87e).
Panionios : König – Maniatis (Aravidis, 78e), Berthé, Spiropoulos, Majstorovic – Makos, Kumordzi (Gáspár, 90e), Skoufalis (Fernandes, 56e), Goundoulakis – Djebbour, Pletsch (cap.). Ent. : Lienen.

Bordeaux : Valverde - Jemmali (Traoré, 18e), Brégerie, Ecuele Manga, Trémoulinas (Moimbe, 81e) – Jussiê (Perea, 58e), Lavie, Marange, Ducasse (cap.) – Cavenaghi, Obertan. Ent. : Blanc.

Coupe de l'UEFA, 16e de finale aller, mercredi 13 février à Anderlecht

ANDERLECHT (Bel)-Bordeaux 2-1 (0-0)
Buts : Anderlecht : Polak (79e), M. Mpenza (90e + 5) ; Bordeaux : Jussiê (69e, s.p.).
Anderlecht : Zitka (cap.) – Wasiliewski, Pareja, Juhasz, Van Damme – Polak, Biglia – Chatelle (Legear, 84e), Goor, Boussoufa - Serhat (M. Mpenza, 72e). Ent. : Jacobs.
Bordeaux : Ramé (cap.) - Chalmé, Henrique, Diawara, Jurietti – Alonso (Wendel, 61e), Ducasse, Diarra, Jussiê (Micoud, 82e) - Obertan, Chamakh (Cavenaghi, 62e). Ent. : Blanc.

Coupe de l'UEFA, 16e de finale retour, jeudi 21 février au Stade Chaban-Delmas

Bordeaux-Anderlecht (Bel) 1-1 (0-1)
Buts : Bordeaux : Cavenaghi (71e) ; Anderlecht : Chatelle (34e).
Bordeaux : Ramé (cap.) - Chalmé, Henrique, Diawara, Marange – Alonso (Micoud, 52e), Ducasse, Trémoulinas – Bellion (Cavenaghi, 53e), Chamakh, Obertan (Wendel, 77e). Ent. : Blanc.
Anderlecht : Zitka (cap.) – Wasiliewski, Pareja, Juhasz (De Man, 90e+3), Van Damme – Gilet, Biglia – Chatelle (M. Mpenza, 60e), Polak, Boussoufa – Serhat (Ahmed Hassan, 69e). Ent. : Jacobs.

TOULOUSE

Troisième tour préliminaire aller de la Ligue des champions, mercredi 15 août au Stadium

Toulouse-LIVERPOOL (Ang) 0-1 (0-1).
But : Voronine (43e).
Toulouse : Douchez – Ebondo (Mou. Sissoko, 83e), Cetto, Fofana, Mathieu – Paulo Cesar (Gignac, 70e), Sirieix, Dieuze (cap.) – Emana, Bergougnoux (Mansaré, 46e) – Elmander. Ent. : Baup.
Liverpool : Reina – Finnan, Carragher (cap.), Hyypia, Aberloa – Benayoun (Riise, 59e), Gerrard (Mom. Sissoko, 65e e), Mascherano - Voronine (Torres, 78e), Crouch, Babel. Ent. : Benitez.

Troisième tour préliminaire retour de la Ligue des champions, mardi 28 août à Anfield

LIVERPOOL (Ang)-Toulouse 4-0 (1-0)
Buts : Crouch (19e), Hyypia (49e); Kuyt (87e, 90e + 1).
Liverpool: Reina – Arbeloa, Agger (Finnan 81), Hyypia (cap.), Riise – Benayoun, Mascherano, Mom. Sissoko (Lucas, 68e), Leto (Babel, 75e) – Crouch, Kuyt. Ent. : Benitez.
Toulouse: Douchez – Paulo Cesar, Cetto, Ilunga, Mathieu (Mou. Sissoko, 81e) – Sirieix, Dieuze, Fofana, Emana (Fabinho 76) – Gignac (Bergougnoux 54), Elmander. Ent. : Baup.

Premier tour aller de la Coupe de l'UEFA, jeudi 20 septembre au Stadium

Toulouse-CSKA Sofia (Bul) 0-0
Toulouse : Douchez – Fofana, Congré, Cetto, Ilunga – Sirieix, Dieuze (cap.), Batlles, Emana, Mansaré (Bergougnoux, 57e) – Elmander (Gignac, 77e). Ent. : Baup.
CSKA Sofia : Petrov – Tountchev (cap.), Vujadinovic, Todorov, Iliev – Kabous, Yantchev, Chigozie (Garces, 89e), Marquinhos – Dimitrov (Amuneke, 76e), Nei. Ent. : Mladenov.

Premier tour retour de la Coupe de l'UEFA, jeudi 4 octobre à Sofia

CSKA Sofia (Bul)-Toulouse 1-1
Buts : CSKA Sofia : Nei (66e, s.p.) ; Toulouse : Gignac (90e+6).
CSKA Sofia : Petrov – Vujadinovic, Iliev, Lanzaat, Todorov – Yantchev, Kabous – Marquinhos (Garces, 60e), Dimitrov (cap., puis Kotev, 88e), Amuneke (Udoji, 77e) - Nei. Ent. : Mladenov.
Toulouse : Douchez – Ebondo, Cetto, Congré, Ilunga – Dieuze (cap., puis Arribagé, 89e), Sirieix (Gignac, 82e) – Batlles (Bergougnoux, 68e), Emana, Mansaré – Elmander. Ent. : Baup.

Coupe de l'UEFA, phase de poule, groupe E, 1e journée, jeudi 25 octobre à Leverkusen

LEVERKUSEN (All)-Toulouse 1-0 (1-0)
But : Kiessling (35e).
Leverkusen : Adler – Castro, Friedrichn Haggui, Sarpei – Vidal, Rolfes (cap.) – Kiessling, Barbarez (Sinkiewczic, 78e), Barnetta – Gekas (Freier, 559e, puis Papadopoulos, 90e+2). Ent. : Skibbe.
Toulouse : Douchez – Ebondo, Cetto, Congré, Ilunga – Sirieix (Dieuze, 87e), Fabinho (Bergougnoux, 74e) – Paulo Cesar, Emana (cap.), Mansaré – Gignac (Dupuis, 90e+2). Ent. : Baup.

Coupe de l'UEFA, phase de poule, groupe E, 2e journée, jeudi 8 novembre au Stadium

Toulouse-Sparta Prague (Tch) 2-3 (1-0)
Buts : Toulouse : Elmander (14e), Mansaré (80e) ; Prague : Kisel (67e, 88e), Dosek (68e).
Toulouse : Douchez – Ebondo, Arribagé, Congré, Ilunga – Dieuze (cap.) - Sirieix (Batlles, 77e), Paulo Cesar (Bergougnoux, 89e), Emana, Mansaré – Elmander (Gignac, 66e). Ent. : Baup.
Prague : Grigar – Limbersky, Repka, Kadlek, Pospech (cap.) – Kladrubsky, Resek (Horvath, 66e) – Kisel, Matusovic (Zeman, 85e) – Kulic, Slepicka (Dosek, 57e). Ent. : Bilek.

Coupe de l'UEFA, phase de poule, groupe E, 3e journée, jeudi 29 novembre à Zurich

Zurich (Sui)-Toulouse 2-0 (1-0)
Buts : Tihinen (42e), Rafael (64e, s.p.).
Zurich : Leoni – Lampi, Tihinen (cap.), Rochat, Schneider – Kondé, Tico, Abdi, Chikaoui (Stahel, 90e + 3) – Araujo (Scönbäclher, 89e), Alphonse (Eudi, 63e). Ent. : Challandes.
Toulouse : Douchez – Ebondo, Arribagé, Fofana, Ilunga – Fabinho (Sissoko, 57e), Dieuze (cap.), Emana, Mansaré (Bergougnoux, 77e) – Gignac, Elmander (Santos, 68e). Ent. : Baup.

Coupe de l'UEFA, phase de poule, groupe E, 5e journée et dernière journée, mercredi 19 décembre au Stadium

TOULOUSE-Spartak Moscou (Rus) 2-1 (1-0)
Buts : Toulouse : Santos (41e, 53e) ; Spartak Moscou : Dzyuba (61e, s.p.).
Toulouse : Riou - Fofana, Arribagé (cap.), M'Bengue, Ilunga - Dieuze, Sirieix (Capoue, 46e), Batlles (Sissoko, 90e + 1), Emana, Bergougnoux - F. Santos (Dupuis, 81e). Ent. : Baup.
Spartak Moscou : Khomich - Géder, Koudryashov, Shishkin, Parshivlyuk - Covaliciuc, Soava, Dzyuba, Prudnikov (V. Bystrov, 83e) - Welliton, Stranzl (cap.). Ent. : Cherchesov.

RENNES

Premier tour aller de la Coupe de l'UEFA, jeudi 20 septembre à Sofia

Lokomotiv Sofia (Bul)-RENNES 1-3 (0-1)
Buts : Lokomotiv Sofia : Daftchev (51e) ; Rennes : Leroy (38e, 90e), Cheyrou (73e).
Lokomotiv Sofia : Golubovic – Dobrev (cap.), Savic (Lopes, 46e), Varbanov, Oratchev – Karadjinov, Daftchev, Koilov (Atanasov, 61e), Paskov – Baldovaliev, Antunovic (Zlatinski, 75e). Ent. : Grozdanov.
Rennes : Pouplin – Fanni, M'Bia, Hansson, Edman – Leroy, Jeunechamp (Briand, 63e), Chyerou (cap.), Sorlin – Wiltord (Marveaux, 63e), Thomert (Emerson, 77e). Ent. : Dréossi.

Premier tour retour de la Coupe de l'UEFA, jeudi 4 octobre au stade de la Route de Lorient

Rennes-LOKOMOTIV SOFIA (Bul) 1-2 (1-2)
Buts : Rennes : Marveaux (25e) ; Lokomotiv Sofia : Antunovic (37e, 40e).
Rennes : Luzi – Borne, M'Bia, Hansson, Jeunechamp – Sorlin, Cheyrou (cap.), Kembo-Ekoko (Leroy, 46e), Marveaux, Badiane (Thomert, 46e) – Pagis (Briand, 75e). Ent. : Dréossi.
Lokomotiv Sofia : Golubovic – Markov, Savic, Dontchev – Oratchev, Daftchev, Atanasov (Baldovaliev, 73e), Dobrev (cap.) – Karadzinov, Koilov (Zlatinski, 86e) – Antunovic (Djilas, 81e). Ent. : Grozdanov.

Coupe de l'UEFA, phase de poule, groupe D, 1ère journée, jeudi 25 octobre à Bâle

BÂLE (Sui)-Rennes 1-0 (0-0)
But : Streller (54e).
Bâle : Costanzo – Zanni, Majstorovic, Marque, Hcdel – Huggel – Carlitos (Frei, 86e), Ergic (cap.), Chipperfield, Caicedo (Degen, 60e) – Streller (Eduardo, 89e). Ent. : Gross.
Rennes : Luzi – Fanni, M'Bia (Borne, 59e), Hansson, Jeunechamp – Sorlin, Cheyrou, Didot (cap., puis Wiltord, 66e), Marveaux – Pagis, Briand. Ent. : Dréossi.

Coupe de l'UEFA, phase de poule, groupe D, 2e journée, jeudi 8 novembre au stade de la Route de Lorient

Rennes-Bergen (Nor) 1-1 (0-1)
Buts : Rennes : Cheyrou (87e, s.p.) ; Bergen : Karadas (24e).
Rennes : Luzi – Fanni, Hansson, Mensah, Jeunechamp (Emerson, 66e) –Cheyrou, Didot (cap.) – Briand (Kembo-Ekoko, 81e), Leroy, Marveaux – Pagis. Ent. : Dréossi.
Bergen : Opdal – Dahl, Bjarnason, Sigurdsson, Hanstveit – Solli, Bakke, El-Fakiri, Huseklepp (Vaagen Moen, 55e) – Karadas (Guntveit, 55e), Helstad. Ent. : Mjelde.

Coupe de l'UEFA, phase de poule, groupe D, 3e journée, jeudi 29 novembre à Hambourg

HAMBOURG (All)-Rennes 3-0 (1-0)
Buts : Van der Vaart (30e), Choupo-Moting (83e), Zidan (90e, s.p.).
Hambourg : Rost – Benjamin, Reinhardt, Mathijsen, Boateng – De Jong (Demel, 69e), Kompany – Castelen, Van der Vaart (cap., puis Zidan, 85e), Trochowski – Olic (Choupo-Moting, 80e). Ent. : Stevens.
Rennes : Pouplin – Fanni (Badiane, 80e), Borne, Hansson, Edman (Thomert, 46e) – Cheyrou (cap.) – Leroy, Wiltord (Emerson, 58e), Marveaux, Sorlin - Briand. Ent. : Dréossi

Coupe de l'UEFA, phase de poule, groupe D, 5e et dernière journée, jeudi 20 décembre au stade de la Route de Lorient

Rennes-Dinamo Zagreb(Cro) 1-1 (0-0)
Rennes : Pouplin - Fanni, Hansson, Mensah, Sorlin (cap.) – Leroy (Kembo-Ekoko, 65e), M'bia, Cheyrou, Wiltord (Thomert, 55e) - Pagis, Briand (Moreira, 76e). Ent. : Lacombe.
Dinamo Zagreb : Koch – Etto, Cale (Sokota, 87e), Drpic, Sammir (Guela, 65e) - Pokrivac, Vukojevic – Carlos, Mandzukic, Modric (cap.) – Tadic (Balaban, 76e). Ent. : Ivankovic.

SOCHAUX

Premier tour aller de la Coupe de l'UEFA, jeudi 20 septembre au stade Bonal

Sochaux-PANIONIOS ATHÈNES (Grè) 0-2 (0-1)
Buts : Djebbour (27e), Fernandez (54e).
Sochaux : Richert (cap.) – Pichot, Perquis (Daf, 84e), Afolabi, N'Daw – Birsa (Quercia, 46e), Séne, Pitau, Dalmat – Pancrate, Vargas (Dagano, 46e). Ent. : Hantz.
Panionios : Kresic – Maniatis, Pletsch

(cap.), Majstorovic, Spiropoulos – Goudoulakis (Wagner, 89e) – Makos, Kumordzi, Kondis (Kapenatos, 74e), Fernandez (Gaspar, 84e) – Djebbour. Ent. : Lienen.

Premier tour retour de la Coupe de l'UEFA 4 octobre à Athènes

Panionios Athènes (Grè)-SOCHAUX 0-1 (0-0)
But : Kumordzi (53e, c.s.c.).
Panionios : Kresic – Maniatis, Majstorovic, Pletsch (cap.), Spiropoulos – Kumordzi, Makos (Skoufalis, 82e) - Goundoulakis, Kondis (Nikolaou, 46e), Fernandez (Berthé, 90e) – Djebbour. Ent. : Lienen.
Sochaux : Richert (cap.) – Pichot, Perquis, Afolabi, N'Daw – Pitau, N'Daw - Dalmat (Quercia, 35e), Isabey, Birsa – Dagano (Erding, 66e). Ent. : Hantz.

LENS

Troisième tour aller de la Coupe Intertoto, samedi 21 juillet 2007 à Odessa

Tchernomorets Odessa (Ukr)-Lens : 0-0
Odessa : Rudenko – Grichko, Lozo, Nijegorodov, Chandrouk – Danylovsky – Poltavets (Chypchenko, 64e), Korythko, Yarochenko, Beletsky (Valeiev, 86e) – Venglinsky. Ent. : V. Chevtchenko.
Lens : Runje – Demont (cap.), Coulibaly, Hilton, Ramos (Aubey, 46e) – Kovacevic, Sablé – Akalé, Carrière, Monterrubio – Cousin. Ent. : Roux.

Troisième tour retour de la Coupe Intertoto, samedi 28 juillet 2007 au stade Bollaert

LENS-Tchernomorets Odessa (Ukr) : 3-1 (2-1)
Buts : Lens : Coulibaly (19e), Akalé (40e, 72) ; Odessa : Venglinsky (11e).
Lens : Runje – Demont (cap.), Coulibaly, Hilton, Aubey (Ramos, 88e) – Kovacevic, Sablé – Akalé (Boukari, 84e), Monterrubio, Carrière (Si. Keita, 72e) – Kalou. Ent. : Roux.
Odessa : Rudenko – Grichko, Lozo, Nijegorodov, Chandrouk – Karytska, Kirylchyk, Danylovsky, Kirlic (Poltavets, 46e), Chypchenko (Yarochenko, 72e) – Venglinsky. Ent. : V. Chevtchenko.

Deuxième tour préliminaire aller de la Coupe de l'UEFA, Jeudi 16 août à Berne

Young Boys Berne (Suis)-Lens : 1-1 (0-0)
Buts : Berne : Tiago (71e) ; Lens : Monterrubio (75e).
Berne : Wölfli – Schwegler, Tiago, Zayatte, Raimondi – Mangane, Yapi – Varela, H. Yakin (Frimpong, 85e), Regazzoni (C. Scheuwly, 77e) – Joao Paulo (Kallio, 90e+2). Ent. : Andermatt.
Lens : Runje – Demont, Bisevac, Coulibaly, Aubey – Kovacevic, Sablé (Si. Keita, 87e) – Akalé, Kalou (Boukari, 90e+2), Monterrubio – Aruna (Carrière, 75e). Ent. : Roux.

Deuxième tour préliminaire retour de la Coupe de l'UEFA, jeudi 30 août au stade Bollaert

LENS-Young Boys Berne (Sui) 5-1 (2-1)
Buts : Lens : Aruna (13e, 58e), Akalé (16e), Carrière (68e), Feinduno (90e) ; Berne : Varela (32e).
Lens : Runje – Laurenti, Hilton (cap.), Bisevac, Ramos – Kovacevic, Sablé (Feinduno, 81e) – Carrière (Si. Keita, 70e), Monterrubio – Akalé, Aruna (Boukari, 74e). Ent. : Papin.
Berne : Wölfli – Portillo, Tiago, Kallio, Raimondi – Hochtrasser (Frimpong, 60e), M. Scheuwly – Varela (Kavak, 65e), H. Yakin (cap., puis C. Scheuwly, 74e), Regazzoni – Joao Paulo. Ent. : Andermatt.

1er tour aller de la Coupe de l'UEFA, mercredi 19 septembre au stade Bollaert

Lens-Copenhague (Dan) 1-1 (0-1)
Buts : Lens : Aruna (69e) ; Copenhague : Allbäck (5e).
Lens : Runje – Demont (cap.), Bisevac, Coulibaly, Laurenti – Carrière, Kovasevic, Sablé (Si. Keita, 46e), Akalé (Monterrubio, 55e) – Monnet-Paquet (Aruna, 55e), Pieroni. Ent. : Papin.
Copenhague : Christiansen – Kvist, Gravgaard (cap.), Hangeland, Jensen – Silberbauer, Würtz, Nörregaard, Hutchinson (Sionko, 70e) – Allbäck (Nordstrand, 71e), Grönkjaer. Ent. : Solbakken.

1er tour retour de la Coupe de l'UEFA, jeudi 4 octobre à Copenhague

COPENHAGUE (Dan)-Lens 2-1 a.p. (0-1, 1-1)
Buts : Copenhague : Allbäck (76e), Grönjkaer (112, s.p.)
Copenhague : Christiansen – Kvist, Gravgaard (cap.), Hangeland, Jensen – Sionko, Nörregaard (Nordstrand, 60e), Silberbauer (Würtz, 71e), Hutchinson – Grönjkaer, Allbäck (Jörgensen, 101e). Ent. : Solbakken.
Lens : Runje – Demont (cap.), Bisevac, Coulibaly, Aubey – Si. Keita (Kovasevic, 80e), Sablé, Lacourt – Carrière – Pieroni (Moterrubio, 91e), Akalé (Aruna, 74e). Ent. : Papin.

COUPE GAMBARDELLA

Samedi 24 mai au stade de France (Saint-Denis)
RENNES-Bordeaux 3-0 (2-0)
Buts : M'Laab (21e), M'Villa (30e), D. Le Tallec (77e).
Rennes : Petit – Théophile-Catherine, Lemarchand, Souprayen (cap.), Louhoungu – M'Vila, D. Le Tallec (Piavti, 86e), Pajot, Lasimont – Brahimi (Caro, 78e), M'Laab (A. Camara, 66e). Ent. : Huard.
Bordeaux : Meslien – Esor, Lasne (cap.), Gaston (Seck, 67e), Saunier – Blonbou, Krychowiak, Sertic – Saivet, Obertan, Insou (Gueye, 60e). Ent. : Lucas.

CHAMPIONNATS ÉTRANGERS

ALLEMAGNE

Championnat

Équipes	Pts	MJ	V	N	D	Bp	Bc
1. B. Munich	76	34	22	10	2	68	21
2. W. Brême	66	34	20	6	8	75	45
3. Schalke 04	64	34	18	10	6	55	32
4. Hambourg	54	34	14	12	8	47	26
5. Wolfsburg	54	34	15	9	10	58	46
6. Stuttgart	52	34	16	4	14	57	57
7. Leverkusen	51	34	15	6	13	57	40
8. Hanovre	49	34	13	10	11	54	56
9. E. Francfort	46	34	12	10	12	43	50
10. Hertha Berlin	44	34	12	8	14	39	44
11. Karlsruhe	43	34	11	10	13	38	53
12. Bochum	41	34	10	11	13	48	54
13. B. Dortmund	40	34	10	10	14	50	62
14. E. Cottbus	36	34	9	9	16	35	56
15. A. Bielefeld	34	34	8	10	16	35	60
16. Nuremberg	31	34	7	10	17	35	51
17. H. Rostock	30	34	8	6	20	30	52
18. Duisbourg	29	34	8	5	21	36	55

Meilleurs buteurs
1. Toni (Bayern Munich), 24 buts ;
2. Gomez (Stuttgart), 19 buts ;
3. Kuranyi (Schalke 04), 15 buts ;
4. Rosenberg (Brême) et Olic (Hambourg), 14 buts ;
6. Pantelic (Berlin), Sestak (Bochum), Diego (Brême) et Petric (Dortmund), 13 buts ;
10. Van der Vaart (Hambourg), 12 buts
11. Ribéry (Bayern Munich), Hugo Almeida (Brême), Amanatidis (Francfort), Gekas (Leverkusen) et Grafite (Wolfsburg).

Qualifiés pour la Ligue des champions: Bayern Munich, Werder Brême et Schalke 04 (troisième tour préliminaire).
Qualifiés pour la Coupe de l'UEFA : Hambourg, Wolfsburg, Dortmund (finaliste de la Coupe).
Qualifié pour l'Intertoto : Stuttgart.
Relégués : Nuremberg, Rostock et Duisbourg
Vainqueur de la Coupe : Bayern Munich

Coupe

Samedi 19 avril à Berlin
Borussia Dortmund-BAYERN MUNICH 1-2 a.p. (0-1, 1-1)
Buts : Dortmund : Petric (90e + 2) ; Munich : Toni (11e, 103e).
Dortmund : Ziegler - Rukavina (Buckley, 79e), Wörns, R. Kovac, Dédé - Blaszczykowski, Tinga, Kehl (Valdez, 86e), Kringe – Frei (Klimowicz, 71e), Petric. Ent. : Doll.
Munich : Kahn – Lell, Lucio, Demichelis, Lahm – Schweinsteiger (Sagnol, 86e), Van Bommel, Roberto (Ottl, 113e), Ribéry – Toni, Klose (Podolski, 69e). En : Hitzfeld

ANGLETERRE

Championnat

Clubs	Pts	MJ	V	N	D	Bp	Bc
1. Manchester U.	87	38	27	6	5	80	22
2. Chelsea	85	38	25	10	3	65	26
3. Arsenal	83	38	24	11	3	74	31
4. Liverpool	76	38	21	13	4	67	28
5. Everton	65	38	19	8	11	55	33
6. Aston Villa	60	38	16	12	10	71	51
7. Blackburn	58	38	15	13	10	50	48
8. Portsmouth	57	38	16	9	13	48	40
9. Manchester C.	55	38	15	10	13	45	53
10. West Ham	49	38	13	10	15	42	50
11. Tottenham	46	38	11	13	14	66	61
12. Newcastle	43	38	11	10	17	45	65
13. Middlesbrough	42	38	10	12	16	43	53
14. Wigan	40	38	10	10	18	34	51
15. Sunderland	39	38	11	6	21	36	59
16. Bolton	37	38	9	10	19	36	54
17. Fulham	36	38	8	12	18	38	60
18. Reading	36	38	10	6	22	41	66
19. Birmingham	35	38	8	11	19	46	62
20. Derby County	11	38	1	8	29	20	89

Meilleurs buteurs :
1. C. Ronaldo (Manchester United), 31 buts ;
2. Adebayor (Arsenal) et Fernando Torres (Liverpool), 24 buts;
4. Santa Cruz (Blackburn), 19 buts;
5. Ayegbeni (Everton), Benjamin (Manchester City), Berbatov (Tottenham), Keane (Tottenham), 15 buts;
14. Anelka (Bolton puis Chelsea), 11 buts.

Qualifiés pour la Ligue des champions : Manchester United, Chelsea
Qualifiés pour le troisième tour préliminaire de la Ligue des champions : Arsenal et Liverpool
Qualifiés pour la Coupe de l'UEFA : Everton, Tottenham (vainqueur de la Coupe de la Ligue), Manchester City (prix du Fair-Play), Portsmouth (vainqueur de la Cup)
Relégués : Reading, Birmingham, Derby County
Qualifié pour l'Intertoto : Aston Villa
League Cup : Tottenham.
FA Cup : Portsmouth

Cup

Samedi 17 mai à Wembley (Londres)
PORTSMOUTH-Cardiff (D2) 1-0 (1-0)
But : Kanu (37e).
Portsmouth : James – Johnson, Campbell, Distin, Hreidarsson – Utaka (Nugent, 69e), Pedro Mendes (Bouba Diop, 78e), Diarra, Muntari – Kranjcar, Kanu (Baros, 87e). Ent. : Redknapp.
Cardiff : Enckelman – McNaughton, Johnson, Loovens, Capaldi – Ledley, Rae (Sinclair, 86e), McPhail, Whittingham (Ramsey, 61e) – Parry, Hasselbaink (Thompson, 70e). Ent. : Jones.

League Cup

Finale
Dimanche 24 février 2008 à Londres (Wembley)
TOTTENHAM-Chelsea 2-1 a.p. (0-1, 1-1)
Buts : Tottenham : Bedrbatov (70e s.p.), Woodgate (94e) ; Chelsea : Drogba (39e).
Tottenham : Robinson – Hutton, Woodgate, King, Chimbonda (Huddlestone, 60e) – Lennon, Jenas, Zokora, Malbranque (Tainio, 75e) – Keane (Kaboul, 102e), Berbatov. Ent. : Ramos.
Chelsea : Cech – Belletti, Carvalho, Terry, Bridge – Essien (Ballack, 88e), Obi Mikel (J. Cole, 99e), Lampard – S. Wright – Philips (S. Kalou, 72e), Drogba, Anelka.

PORTUGAL

Dans le cadre d'une affaire d'arbitres corrompus, le FC Porto s'est vu retirer 6 points par la commission de discipline, Belenses et Uniao Leiria 3 pts, Boavista a été relégué d'office en deuxième division.

Championnat

Équipes	Pts	MJ	V	N	D	Bp	Bc
1. C Porto	69	30	24	3	3	60	13
2. S. Portugal	55	30	16	7	7	46	28
3. Guimarães	53	30	15	8	7	35	31
4. Benfica L.	52	30	13	13	4	45	21
5. M. Funchal	46	30	14	4	12	39	28
6. V. Setúbal	45	30	11	12	7	37	33
7. S. Braga	41	30	10	11	9	32	34
8. Belenenses	40	30	11	10	9	35	33
9. B. Porto	36	30	8	12	10	32	41
10. N. Madeira	35	30	9	8	13	23	28
11. Naval	34	30	9	7	14	26	45
12. A. Coimbra	32	30	6	14	10	31	38
13. E. Amadora	31	30	6	13	11	29	41
14. Leixões	26	30	4	14	12	27	37
15. Paços de F.	25	30	6	7	17	31	49
16. Uniao Leiria	13	30	3	7	20	25	53

Meilleurs buteurs :
1. Lisandro Lopez (FC Porto), 24 buts ;
2. Weldon (Belenenses), 13 buts ;
3. Carodzo (Benfica), 12 buts ;
4. Linz (Braga), Wesley (Paços Ferreira) et Liedson (Sporting Portugal), 11 buts ;
7. Marcelinho, 10 buts ;
8. Lito (Académica Coimbra), 9 buts...

Qualifiés pour la Ligue des champions : FC Porto et Sporting Portugal (troisième tour préliminaire).
Qualifiés pour la Coupe de l'UEFA : et Guimaraes, Benfica Lisbonne, Maritimo Funchal
Qualifié pour l'Intertoto : Vitoria Setubal
Relégués : Boavista Porto et Uniao Leiria
Coupe : Sporting Portugal

Coupe

Dimanche 18 mai à Lisbonne
SPORTING PORTUGAL-FC Porto 2-0 a.p. (0-0)
Buts : Tiui (110e, 117e).
Sporting : Rui Patricio – Abel (Tiui, 91e), Tonel, Polga, Grimi – Miguel Veloso, Joao Moutinho, Izmailov (Pereirinha, 76e) – Romagnoli – Derlei (Gladstone, 116e), Djalo. Ent. : Bento.
Porto : Nuno – Fucile, Pedro Emanuel, Bruno Alves, Joao Paulo – Paulo Assunçao (Tarik Sekitoui, 112e), Raul Mereiles (Kazmierczak, 104e) – Lucho Gonzales – Mariano (Lino, 79e), Ricardo Quaresma – Lisandro Lopez. Ent. : Manuel Ferreira.

SUISSE

Équipe	Pts	MJ	V	N	D	Bp	Bc
1. Bâle	74	36	22	8	6	73	39
2. Y. Boys Berne	70	36	21	7	8	82	49
3. FC Zurich	56	36	15	11	10	58	43
4. G. Zurich	54	36	15	9	12	57	49
5. Aarau	47	36	11	14	11	47	48
6. Lucerne	44	36	10	14	12	40	49
7. Sion	43	36	11	10	15	48	51
8. N. Xamax	41	36	10	11	15	48	55
9. Saint Galle	34	36	9	7	20	39	69
10. Thoune	27	36	6	9	21	30	70

Championnat

Meilleurs buteurs
1. H Yakin (Berne), 24 buts ;
2. Bobadilla (Grasshopers Zurich) et Häberli (Berne), 18 buts ;
4. Saborio (Sion), 17 buts ;
5. Lustrinelli (Lucerne), 14 buts ;
6. Rogerio (Aarau), Streller (Bâle) et De Araujo (FC Zurich), 12 buts ...

Qualifié pour la Ligue des champions : Bâle (troisième tour préliminaire)
Qualifiés pour la Coupe de l'UEFA : Young Boys Berne, FC Zürich et Grasshopers.
Relégué : Thoune

Coupe

BÂLE-Bellinzone (L2) 4-1 (1-0)
Buts : Bâle : Derdiyok (30e), Majstorovic (62e), Streller (63e), Huggel (65e) ; Bellinzone : Pouga (58e).

BELGIQUE

Championnat

Clubs	Pts	MJ	V	N	D	Bp	BC
1. Standard Liège	77	34	22	11	1	61	19
2. Anderlecht	70	34	21	7	6	59	31
3. FC Bruges	67	34	20	7	7	45	30
4. Cercle Bruges	60	34	17	9	8	62	33
5. Anvers	55	34	16	7	11	46	34
6. La Gantoise	52	34	14	10	10	57	46
7. Zulte Waregem	47	34	13	8	13	47	54
8. Charleroi	46	34	13	7	14	41	45
9. Westerlo	45	34	12	9	13	43	37
10. Genk	45	34	12	9	13	54	55
11. Mouscron	42	34	12	6	16	38	43
12. Lokeren	42	34	9	15	10	32	33
13. Malines	40	34	10	10	14	45	52
14. Roulers	38	34	9	11	14	36	55
15. Dender	33	34	9	6	19	33	59
16. Mons	33	34	7	12	15	37	45
17. Saint-Trond	27	34	6	9	19	32	58
18. Bruxelles	19	34	4	7	23	27	66

Meilleurs buteurs :
1. Akpala (Charleroi), 18 buts ;
2. Malki (Anvers), Barda (Genk), Jovanovic (Liège) et Leye (Zulte Waregem), 16 buts ;
6. Mbokani (Liège), 15 buts ;
7. Dissa (Roulers), 14 buts ;
8. Nong (Malines), 13 buts ;
9. Sterchele (FC Bruges), Foley, Ruiz (la Gantoise), Tomou (Mouscron), 11 buts...

Qualifié pour la Ligue des champions : Standard Liège (troisième tour préliminaire), Anderlecht (deuxième tour préliminaire).
Qualifiés pour la Coupe de l'UEFA : FC Bruges et la Gantoise (finaliste coupe de Belgique face à Anderlecht, déjà qualifiée pour la Ligue des champions)
Qualifié pour l'Intertoto : Cercle Bruges.
Relégués : FC Bruxelles et Saint-Trond
Coupe : Anderlecht

Coupe

Samedi 17 mai à Bruxelles
La Gantoise-Anderlecht 2-3 (2-1)
Buts : La Gantoise : Foley (6e) et Ofulade (33e) ; Anderlecht : Polak (7e), Boussoufa (71e) et Gillet (73e).

ESPAGNE

Championnat

Équipes	Pts	MJ	V	N	D	Bp	Bc
1. Real Madrid	85	38	27	4	7	84	36
2. Villarreal	77	38	24	5	9	63	40
3. FC Barcelone	67	38	19	10	9	76	43
4. Atletico M.	64	38	19	7	12	66	47
5. FC Séville	64	38	20	4	14	75	49
6. Racing S.	60	38	17	9	12	42	41
7. Majorque	59	38	15	14	9	69	54
8. Almería	52	38	14	10	14	42	45
9. D. La Corogne	52	38	15	7	16	46	47
10. Valence	51	38	15	6	17	48	62
11. A. Bilbao	50	38	13	11	14	40	43
12. Espanyol B.	48	38	13	9	16	43	53
13. Betis Séville	47	38	12	11	15	45	51
14. Getafe	47	38	12	11	15	44	48
15. Valladolid	45	38	11	12	15	42	57
16. Recreativo H.	44	38	11	11	16	40	60
17. Osasuna P.	43	38	12	7	19	37	44
18. Saragosse	42	38	10	12	16	50	61
19. Murcie	30	38	7	9	22	36	65
20. Levante	26	38	7	5	26	33	75

Meilleurs buteurs :
1. Güiza (Majorque), 27 buts ;
2. Luis Fabiano (FC Séville), 24 buts ;
3. Agüero (Atletico Madrid), 20 buts ;
4. Raul (Real Madrid), David Villa (Valence) et Nihat (Villareal), 18 buts ;
7. J. Llorente (Valladolid) et Oliveira (Saragosse), 17 buts ;
9. Forlan (Atletico Madrid), Eto'o (Barcelone), Van Nisterlooy (Real Madrid) et Kanouté (FC Séville), 16 buts...

Qualifiés pour la Ligue des champions : Real Madrid, Villareal, Barcelone (troisième tour préliminaire) et Atletico Madrid (troisième tour préliminaire).
Qualifiés pour la Coupe de l'UEFA : FC Séville, Santander et Valence (vainqueur de la Coupe)
Intertoto : Majorque
Relégués : Saragosse, Murcie et Levante

Coupe du Roi

FINALE
Mercredi 16 avril à Madrid Stade (V. Calderon)
VALENCE-Getafe 3-1 (2-1)
Buts : Valence : Mata (5e), Alexis (11e), Morientes (84e) ; Getafe : Granero (45e, s.p.).
Valence: Hildebrand -Miguel, Albiol (Caneira, 57e), Alexis, Moretti (Edu, 67e) -Arizmendi, Baraja, Marchena - Mata; Silva - Villa (Morientes, 74e). Ent. : R. Koeman.
Getafe: Ustari - Cortés, Tena (Braulio, 76e), "Cata" Díaz, Licht – Contra (Pablo Hernández, 56e), Casquero

(Celestini, m.64), De la Red, Granero – Albín, Del Moral. Ent. : M. Laudrup.

ITALIE

Championnat

Équipes	Pts	MJ	V	N	D	Bp	Bc
1. Inter Milan	85	38	25	10	3	69	26
2. AS Roma	82	38	24	10	4	72	37
3. Juventus T.	72	38	20	12	6	72	37
4. Fiorentina	66	38	19	9	10	55	39
5. Milan AC	64	38	18	10	10	66	38
6. S. Gênes	60	38	17	9	12	56	46
7. Udinese	57	38	16	9	13	48	53
8. Naples	50	38	14	8	16	50	53
10. Atalanta B.	48	38	12	12	14	52	56
11. Genoa	48	38	13	9	16	44	54
12. Palerme	47	38	12	11	15	47	57
13. Lazio Rome	46	38	11	13	14	47	51
14. Sienne	44	38	9	17	12	40	45
15. Cagliari	42	38	11	9	18	40	56
16. Torino	40	38	8	16	14	36	49
17. Reggina	40	38	9	13	16	37	56
18. Catania	37	38	8	13	17	33	45
19. Empoli	36	38	9	9	20	29	52
20. Parme	34	38	7	13	18	42	62
21. Livourne	30	38	6	12	20	35	60

Meilleurs buteurs :
1. Del Piero (Juventus Turin), 21 buts ;
2. Trezeguet (Juventus Turin), 20 buts ;
3. Borriello (Genoa), 19 buts ;
4. Ibrahimovic (Inter Milan), Di Natale (Udinese) et Mutu (Fiorentina), 17 buts ;
7. Kaká (Milan AC) et Amauri (Palerme), 15 buts ;
8. Totti (AS Roma), Goran (Lazio Rome), Tommaso (Lazio Rome) et Carvalho (Palerme), 14 buts …

Qualifiés pour la Ligue des champions : Inter Milan AS Roma, Juventus Turin (troisième tour préliminaire) et Fiorentina (troisième tour préliminaire)
Qualifiés pour la Coupe de l'UEFA : Milan AC, Sampdoria et Udinese.
Intertoto : Naples.
Relégués : Empoli, Parme et Livourne

Coupe

FINALE
Samedi 24 mai au Stade Olympique de Rome
AS ROMA-Inter Milan 2-1 (1-0)
Buts : AS Roma : Mexès (35e), Perrotta (53e) ; Inter Milan : Pelé (59e).
AS Roma : Doni – Cassetti, Mexès, Juan, Tonetto – De Rossi (cap.), Pizarro – Giuly (Cicinho, 66e), Perrotta (Brighi, 72e) – Aquilani (Panucci, 90e) – Vucinic. Ent. : Spalletti.
Inter Milan : Toldo – Maicon, Burdisso, Chivu, Maxwell – Vieira, Zanetti (cap., puis Crespo, 89e), Stankovic (Pelé, 46e) – Balotelli, César (Jimenez, 61e) – Suazo. Ent. : Mancini.

PAYS-BAS

Championnat

Équipes	Pts	MJ	V	N	D	Bp	Bc
1. PSV Eindhoven	72	34	21	9	4	65	24
2. Ajax Amsterdam	69	34	20	9	5	94	45
3. NAC Breda	63	34	19	6	9	48	40
4. Twente	62	34	17	11	6	52	32
5. Heerenveen	60	34	18	6	10	88	48
6. F. Rotterdam	60	34	18	6	10	64	41
7. Groningen	51	34	15	6	13	53	54
8. NEC Nimègue	49	34	14	7	13	49	50
9. Roda JC	47	34	12	11	11	55	55
10. Utrecht	46	34	13	7	14	59	55
11. AZ Alkmaar	43	34	11	10	13	48	53
12. Vitesse Arnhem	43	34	12	7	15	46	55
13. Sparta R.	34	34	9	7	18	52	76
14. Heracles	32	34	8	8	18	34	64
15. Willem II	31	34	8	7	19	40	49
16. De Graafschap	30	34	7	9	18	33	64
17. VVV Venlo	29	34	7	8	19	44	76
18. Excelsior R.	27	34	7	6	21	32	75

Meilleurs buteurs :
Huntelaar (Ajax Amsterdam), 33 buts ;
2. N'Kufo (Twente), 22 buts ;
3. Suarez (Ajax Amsterdam), 17 buts ;
4. Nelisse (Utrecht), 16 buts

Qualifiés pour la Ligue des champions : PSV Eindhoven, Twente (troisième tour préliminaire)
Qualifiés pour la Coupe de l'UEFA : Ajax Amsterdam, Roda JCNec Nimègue, SC Heerenveen et Feyenoord Rotterdam (vainqueur de la Coupe)
Qualifié pour l'Intertoto : NAC Breda
Relégués : Excelsior Rotterdam, VVV Venlo

Coupe

Dimanche 27 avril à Rotterdam
Feyenoord Rotterdam-Roda JC 2-0 (0-0)
Buts : Landzaat (8e), De Guzman (36e) pour le Feyenoord Rotterdam

HISTOIRE

(CLASSEMENT AU NOMBRE DE TITRES NATIONAUX DANS LES GRANDS CHAMPIONNATS DEPUIS LA GUERRE)

29 titres : Real Madrid ;
20 titres : Juventus Turin et Bayern Munich ;
17 titres : FC Barcelone ;
15 titres : Manchester United ;
14 titres : Milan AC et Liverpool ;
11 titres : Inter Milan ;
10 titres : Saint-Étienne ;
8 titres : Arsenal, FC Nantes ;
7 titres : Lyon, Atletico Madrid, Olympique de Marseille, AS Monaco ;
6 titres : Reims

(Espagne, France et Italie depuis 1945, Angleterre depuis 1946, Allemagne depuis 1952)

COUPE DE FRANCE

SEPTIÈME TOUR

Villefranche sur Saône (CFA2)-Feurs (DH) : 0 - 1
Selongey (CFA2)-Pontarlier (CFA2) : 3-0 a.p.
As Tefana (Poylnésie)-Lesquin (CFA) : 1-3 a.p.
Vaulx en Velin (DH)-Arles (N) : 0-4
Camon U.S.(PH)-Le Havre (L2) : 2-4
Guines (PH)-Quevilly (CFA) : 0-5
Montreuil Red Star (DHR)-Mantes 78 (CFA2) : 0-2
St Sebastien sur Loire (DH)-Vannes (N) 0-1
Dieppe (CFA 2)-As Lossi (Nouvelle-Calédonie) : 3-0
Martigues (N)-Sète (N) 0-0 a.p., 4 t.a.b. à 3
Montlucon (CFA)-Etrat (DH) : 2-0
Luzenac (CFA)-Rodez (National) : 1-0
Avranches (CFA 2)-Plaintel (DSE) : 3-0
Viry Chatillon (CFA 2)-Change (CFA2) 2-0 a.p .
Noisy Le Sec (CFA 2)-Drancy (DH) : 0-1
Grenoble (L2)-Bourg-Péronnas (CFA) 2 : 1-0
Fréjus (CFA)-Pont de Chéruy (DHR) 3-0
F.C. Chamalieres (DHR)-Clermont foot (L2) : 0-5
Bergerac (CFA 2)-Merignac (DH) : 0-3
Montbard Venarey (DH)-Besançon (CFA) : 0-4
Dijon (L2)-Jura Sud-Lavan (CFA) : 1-0
Épinal (CFA)-Thaon (CFA2) : 2-1
Locminé (CFA 2)-Pontivy (CFA2) : 0-1
Châteaubriant (CFA 2)-Brest (L2) : 1-3 a.p.
Ivry (CFA2)-Moulins (CFA) : 2-1
Boulogne-sur-Mer (L2)-Le Touquet (DHR) : 1-0
Calais (N)-Berck (PHR) : 2-0
Bastia C.A. (CFA)-Cayenne (DH) : 1-1, 2 t.a.b. à 4
Brest A.S (DHR)-Cherbourg (N) : 0-7
Le Moule (Guadeloupe)-Pacy sur Eure (CFA) : 0-0 a.p., 4 t.a.b. à 2
Anglet/Genets (CFA)-Stade Bordelais (CFA) : 1-1 a.p., 3 t.a.b. à 2
La Chapelle St Luc (DH)-Vesoul (CFA) 0-3
Quimperlé (DSR)-Le Poiré sur Vie (CFA2) : 1-3
Quimper (CFA 2)-Montgermont (DH) : 1-0
Romorantin (N)-Châtellerault (CFA) : 3-2
Compiègne (CFA)-Beauvais (N) : 0-1
Ajaccio Gfco (CFA)-Vichy (DH) 3-0
Nîmes (N)-Croix de Savoie (CFA) : 0-1
Libourne St Seurin (L2)-Aurillac (CFA) : 2-1
Angoulême (CFA 2)-Montpellier (L2) : 0-1
Avallon (PH)-Gueugnon (L2) : 0-5
Carquefou (CFA 2)-Ploërmel (DSE) : 3-1
Périgny (DHR)-Niort (L2) :0-7
Guingamp (L2)-Vitré (CFA) : 1-0
Angers (L2)-Orléans (CFA) : 1-0
Thouars (CFA2)-Châteauroux (L2) : 1-1, 5 t.a.b. à 6
Nantes (L2)-Vertou (DH) : 2-0
St Louis. Neuweg (DH)-Paris FC (N) : 1-4
Toul (DH)- Illzach Moden (CFA 2) : 3-1 a.p.
Chaumont (DH)-Créteil (N) : 0-1
Strasbourg-Pierrots Vauban (CFA 2)-Reims (L2) : 1-3
Sète Pcac (DH)-AC Ajaccio (L2) : 0-1
Cassis Carnoux (CFA)-Lyon Duchère (CFA2) : 2-2, 2 t.a.b. à 4
Thiers (CFA 2)-Bastia (L2) : 1-2
Douai (DH)-Sedan (L2) : 1-2
A.S. Raismes Vicoigne (DHR)-Amiens (L2) : 0-7
Lamballe (Ligue)-Laval (N) 0-6
Les Sables d'Olonnes (CFA)-Samaritaine (DH) : 0-1
Forbach (DH)-Troyes (L2) : 0-1

HUITIÈME TOUR

Niort (L2)-Châteauroux (L2) : 1-0
Marcq En Baroeuil (DHR)-Sedan (L2) : 2-3
Drancy (DH)-Guingamp (L2) 0-1 a.p.
Ajaccio Gfco (CFA)-Rodeo FC (CFA2) : 2-0
Lannion (DSR)-Quevilly (CFA) : 0-1
Chavanay A.S. (excl-Luzenac (CFA) : 0-1
Marignane (CFA)-AC Ajaccio (L2) : 0-0 a.p., 3 t.a.b. à 1
Colomiers (CFA2)-Bastia (L2) : 0-1
Reipertswiller (DH)-Créteil (N) : 1-1 a.p., 2 t.a.b. à 4
Martigues (N)-Blagnac (CFA2) : 2-1
Lyon Duchère (CFA 2)-Annecy (DH) : 2-1
Raôn L Etape (CFA)-Mulhouse (CFA) : 3-0
Besançon (CFA)-Vesoul (CFA) 1-2
Troyes (L2)-Jarville (CFA2) : 3-1
Montlucon (CFA)-Ivry (CFA2) : 1-0
Le Poiré sur Vie (CFA 2)-Mérignac (DH) : 5-0
St Omer (DH)-Roye (CFA2) : 2-1
Dieppe (CFA 2)-Boulogne sur Mer (L2) : 0-0 a.p., 4 t.a.b. à 5
Avranches (CFA2)-Inzinz.Montagnarde (CFA 2) : 2-1
Samaritaine (DH)-Arles (N) : 1-2

Grenoble (L2)-Montpellier (L2) : 1-1 a.p., 3 t.a.b. à 4
Les Herbiers (CFA2)-Tours (N) : 0-1
Carquefou (CFA 2)-Anglet/Genets (CFA) : 3-2 a.p.
Saran (DH)-Nantes (L2) : 0-3
Romorantin (N)-Libourne Saint-Seurin : 1-0
Pontivy (CFA2)-Le Havre (L2) : 1-2 a.p.
Poitiers (DH)-Viry Chatillon (CFA2) : 0-2
Vannes (N)-Cherbourg (N) : 1-0 a.p.
Quimper (CFA2)-Brest (L2) : 1-2
Croix de Savoie (CFA)-Migennes (DHR) : 1-1, 2 t.a.b. à 0
Feurs (DH)-Paris FC (N) : 0-1
Amiens (L2)-Mantes (CFA2) : 0-0, 3 t.a.b. à 1
Rouen (CFA)-Laval (N) : 2-0
Saint Julien (PHR)-Fréjus (CFA) : 0-1 a.p.
Magny (DHR)-Gueugnon (L2) : 0-2
Lesquin (CFA)-Avion (DH) : 0-2
Escaudoeuvres (PH)-Beauvais (N) : 1-4
Coulaines (DH)-Pointe Hag (DH) : 3-1
Selongey (CFA 2)-Toul (DH) : 4-1
Le Moule (Guadeloupe)-Angers (L2) : 0-6
Cayenne (DH)-Epinal (CFA) : 1-3
Reims (L2)-Calais (N) : 4-1
Dijon (L2)-Clermont (L2) : 2-1

TRENTE-DEUXIÈMES DE FINALE

Lens-Niort (L2) : 0-1
Gazélec Ajaccio (CFA)-Fréjus (CFA) : 1-0
Marignane (CFA)-Arles (N) : 1-1, 2 t.a.b. à 3
Croix de Savoie (CFA)-Raon l'Etape (CFA) : 1-1, 6 t.a.b. à 5
Selongey (CFA2)-Le Mans : 2-3 a.p.
Viry Chatillon (CFA2)-Bastia (L2) : 2-5
Avranches (CFA2)-Dijon (L2) : 0-2
Montpellier (L2)-Troyes (L2) 1-0
Le Poiré sur Vie (CFA2)-Coulaines (DH) : 4-1
Vesoul (CFA)-Metz : 1-6
St Omer (DH)-Tours (N) : 0-3
Lyon Duchère (CFA2)-Luzenac (CFA) : 3-2
Beauvais (N)-Marseille : 0-2
Montlucon (CFA)-Nantes (L2) : 0-3
Carquefou (CFA2)-Gueugnon (L2) : 1-0
Romorantin (N)-Boulogne sur mer (L2) : 1-2
Angers (L2)-Vannes (N) : 2-0
Amiens (L2)-Guingamp (L2) 2-1
Sedan (L2)-Caen : 3-2
Nice-Le Havre (L2) : 2-1 a.p.
Epinal (CFA)-Paris SG : 0-2
Nancy-Reims (L2) : 2-1
Auxerre - Saint-Étienne : 3-2 a.p.
Lorient-Valenciennes : 2-1
Quevilly (CFA)-Bordeaux : 1-3
Rouen (CFA)-Strasbourg : 0-0, 4 t.a.b. à 5
Maubeuge (DH)-Sochaux : 0-2
Toulouse-Paris FC (N) : 1-2
Martigues (N)-Rennes : 0-3
Avion (DH)-Lille : 0-3
Créteil (N)-Lyon : 0-4
Brest (L2)-Monaco : 1-3 a.p.

SEIZIÈMES DE FINALE

Boulogne (L2)-Tours (N) : 1-2 a.p.
Strasbourg-Metz : 0-3
Arles (N)-Niort (L2) : 0-0, 9 t.a.b. à 8
Lyon Duchere (CFA2)-Lille : 0-1
Sedan (L2)-Nantes (L2) : 0-0, 4-2 t.a.b.
Sochaux-Montpellier : 1-1, 4 t.a.b. à 3
Le Poiré sur Vie (CFA2)-Paris SG : 1-3
Paris FC (N)-Dijon (L2) : 0-0, 5 t.a.b. à 6
Amiens (L2)-Gazélec Ajaccio (CFA) : 1-0
Angers (L2)-Nice : 3-1
Bastia (L2)-Auxerre : 3-0
Lorient-Rennes : 0-0, 3 t.a.b. à 1
Bordeaux-Le Mans : 1-0
Carquefou (CFA2)-Nancy : 2-1 a.p.
Croix de Savoie (CFA)-Lyon : 0-1
Marseille-Monaco : 3-1

HUITIÈMES DE FINALE

Paris SG-Bastia (L2) : 2-1
Dijon (L2)-Tours (N) : 3-1
Sedan (L2)-Angers (L2) : 2-0
Lyon-Sochaux : 2-1
Bordeaux-Lille : 2-0 a.p.
Lorient-Metz : 0-1
Amiens (L2)-Arles (N) : 1-1, 4 t.a.b. à 2
Carquefou (CFA2)-Marseille : 1-0

QUARTS DE FINALE

Carquefou (CFA2)-PSG : 0-1
Amiens (L2)-Dijon (L2) : 1-0
Lyon-Metz : 1-0
Bordeaux-Sedan (L2) : 0-0, 3 t.a.b. à 4

DEMI-FINALES

Amiens (L2)-PSG : 0-1
Lyon-Sedan (L2) : 1-0

FINALE

Samedi 24 mai au Stade de France
LYON-PSG 1-0 a.p. (0-0)
Spectateurs: 79.600.
Arbitre: M. Kalt.
But : Govou (103e)
Paris SG: Alonzo - Ceara, Z. Camara, Yepes, Armand - Chantôme (Mendy, 83e), Clément, Bourillon (Souza, 105e), Rothen - Pauleta (Luyindula, 81e), Diané. Ent. : Le Guen.
Lyon: Coupet - Reveillère, Boumsong, Squillaci, Grosse - Govou, Toulalan, Juninho (Clerc, 117v), Källström (Bodmer, 68e) - Fred (Keita, 73e), Benzema. Ent. : Perrin.

LE PALMARÈS

1918 : Pantin
1919 : CASG (Paris)
1920 : CA Paris
1921 : Red Star
1922 : Red Star
1923 : Red Star
1924 : Marseille
1925 : CASG (Paris)
1926 : Marseille
1927 : Marseille
1928 : Red Star
1929 : SO Montpellier
1930 : Sète
1931 : Club Français
1932 : Cannes
1933 : Excelsior Roubaix
1934 : Sète
1935 : Marseille
1936 : RC Paris
1937 : Sochaux
1938 : Marseille
1939 : RC Paris
1940 : RC Paris
1941 : Bordeaux
1942 : Red Star
1943 : Marseille
1944 : Nancy
1945 : RC Paris
1946 : Lille
1947 : Lille
1948 : Lille
1949 : RC Paris
1950 : Reims
1951 : Strasbourg
1952 : Nice
1953 : Lille
1954 : Nice
1955 : Lille
1956 : Sedan
1957 : Toulouse
1958 : Reims
1959 : Le Havre
1960 : Monaco
1961 : Sedan
1962 : Saint-Étienne
1963 : Monaco
1964 : Lyon
1965 : Rennes
1966 : Strasbourg
1967 : Lyon
1968 : Saint-Étienne
1969 : Marseille
1970 : Saint-Étienne
1971 : Rennes
1972 : Marseille
1973 : Lyon
1974 : Saint-Étienne
1975 : Saint-Étienne
1976 : Marseille
1977 : Saint-Étienne
1978 : Nancy
1979 : Nantes
1980 : Monaco
1981 : Bastia
1982 : Paris-SG
1983 : Paris-SG
1984 : Metz
1985 : Monaco
1986 : Bordeaux
1987 : Bordeaux
1988 : Metz
1989 : Marseille
1990 : Montpellier
1991 : Monaco
1992 : finale non disputée
1993 : Paris-SG
1994 : Auxerre
1995 : Paris-SG
1996 : Auxerre
1997 : Nice
1998 : Paris-SG
1999 : Nantes
2000 : Nantes
2001 : Strasbourg
2002 : Lorient
2003 : Auxerre
2004 : Paris-SG
2005 : Auxerre
2006 : Paris-SG
2007 : Sochaux
2008 : Lyon

COUPE DE LA LIGUE

PREMIER TOUR

Istres (N)-Laval (N) : 0-4
Libourne-Saint-Seurin (L2)–Sète (N): 1-2
Créteil (N)-Clermont (L2) : 0-3
Tours (N)-Niort (L2) 1-2
Boulogne-sur-Mer (L2) – Angers (L2) 0-0 a.p., 4 t.a.b. à 3

DEUXIÈME TOUR

Nantes (L2)-Sedan (L2) : 1-0
Le Havre (L2)-Châteauroux (L2) : 2-0
Montpellier (L2)-Dijon (L2) : 1-1 a.p., 4 t.a.b. à 2
Troyes (L2)-Gueugnon (L2) : 2-0
Amiens (L2)-Guingamp (L2) : 1-1 3 t.a.b. à 2
Ajaccio (L2)-Clermont (L2) : 1-2
Boulogne-sur-Mer (L2)-Reims (L2) : 2-0
Niort (L2)-Grenoble (L2) : 1-0
Sète (N)-Brest (L2) : 2-2 a.p., 5 t.a.b. à 6
Laval (N)-Bastia (L2) : 3-1

SEIZIÈMES DE FINALE

Nancy – Boulogne-sur-Mer (L2) : 3-0
Brest (L2)-Montpellier (L2): 1-2 a.p.
Niort (L2)-Le Havre (L2) : 3-2 a.p.
Auxerre – Saint-Étienne : 1-0 a.p.
Lens-Lille : 1-0
Clermont (L2)-Rennes : 0-1 a.p.
Lorient-Paris SG : 0-3
Laval (N)-Le Mans : 0-1
Bordeaux-Metz : 1-2
Toulouse-Caen : 3-3 a.p., 2 t.a.b. à 4
Troyes (L2)-Nice : 0-1
Strasbourg-Amiens (L2) : 0-2
Valenciennes-Sochaux : 2-1
Nantes (L2)-Monaco : 2-3

HUITIÈMES DE FINALE

Nancy-Amiens (L2) : 1-0
Auxerre-Nice : 6-2 a.p.
Marseille-Metz : 2-2, 5 t.a.b. à 4
Monaco-Lens : 1-2
Rennes-Valenciennes : 0-2
Paris SG-Montpellier (L2) : 2-0
Caen-Lyon : 1-3
Niort (L2)-Le Mans : 0-3

QUARTS DE FINALE

Le Mans-Lyon : 1-0
Paris SG-Valenciennes : 4-0
Lens-Nancy : 3-0
Auxerre-Marseille : 1-0

DEMI-FINALES

Paris SG-Auxerre : 3-2
Le Mans-Lens : 4-5 a.p.

FINALE

Samedi 29 mars au Stade de France
Lens - PSG 1-2 (0-1)
Spectateurs : 78 745.
Arbitre : M. Duhamel.
Buts : PSG : Pauleta (19e), Mendy (90e + 3, s.p.) ; Lens : Carrière (52e).
Lens : Le Crom - Laurenti, Coulibaly, Hilton (cap.), Belhadj - Mangane, Kovacevic - Rémy (Monterrubio, 14e), Carrière, Monnet-Paquet (Dindane, 69e)- Maoulida (Demont, 84e).
PSG : Landreau - Ceará, Camara, Sakho, Armand - Chantôme (Mendy, 64e), Bourillon, Clément, Rothen-Diané, Pauleta (cap.) (Luyindula, 66e).

LE PALAMARES

1995 : Paris-SG
1996 : Metz
1997 : Strasbourg
1998 : Paris-SG
1999 : Lens
2000 : Gueugnon
2001 : Lyon
2002 : Bordeaux
2003 : Monaco
2004 : Sochaux
2005 : Strasbourg
2006 : Nancy
2007 : Bordeaux
2008 : Paris-SG

CHAMPIONNAT DE FRANCE

LIGUE 1

Classement

Clubs	Pts	MJ	V	N	D	Bp	Bc
1. Lyon	79	38	24	7	7	74	37
2. Bordeaux	75	38	22	9	7	65	38
3. Marseille	62	38	17	11	10	58	45
4. Nancy	60	38	15	15	8	44	30
5. Saint-Étienne	58	38	16	10	12	47	34
6. Rennes	58	38	16	10	12	47	44
7. Lille	57	38	13	18	7	45	32
8. Nice	55	38	13	16	9	35	30
9. Le Mans	53	38	14	11	13	46	49
10. Lorient	52	38	12	16	10	32	35
11. Caen	51	38	13	12	13	48	53
12. Monaco	47	38	13	8	17	40	48
13. Valenciennes	45	38	12	9	17	42	40
14. Sochaux	44	38	10	14	14	34	43
15. Auxerre	44	38	12	8	18	33	52
16. Paris-SG	43	38	10	13	15	37	45
17. Toulouse	42	38	9	15	14	36	42
18. Lens	40	38	9	13	16	43	52
19. Strasbourg	35	38	9	8	21	34	55
20. Metz	24	38	5	9	24	28	64

Meilleurs buteurs :
1. Benzema (Lyon), 20 buts ;
2. Niang (Marseille), 18 buts ;
3. Gomis (Saint-Étienne) et Cissé (Marseille), 16 buts ;
5. Cavenaghi (Bordeaux), 15 buts ;
6. Koné (Nice) et Saïfi (Lorient), 14 buts ;
8. Savidan (Valenciennes) et De Melo (Le Mans), 13 buts ;
10. Pagis (Rennes), Wendel (Bordeaux) et Bellion (Bordeaux), 12 buts ;
14. Niculae (Auxerre), Diané (PSG) et Elmander (Toulouse), 11 buts ;
17. Gouffran (Caen), 10 buts ;
18. Renteria (Strasbourg), Audel (Valenciennes) et Monterrubio (Lens), 9 buts...

Meilleurs passeurs :
1. Leroy (Rennes) et Nasri (Marseille), 10 passes ;
3. Néné (Monaco), 9 passes ;
4. Rothen (PSG), Monterrubio (Lens) et Be. Cheyrou (Marseille), 8 passes ;
7. Chamakh (Bordeaux) et Juninho (Lyon), 7 passes ;
9. Benzema (Lyon), Mouloungui (Strasbourg), Sessegnon (Le Mans), Gouffran (Caen), Obraniak (Lille), Roudet (Valenciennes), Wendel (Bordeaux), Dalmat (Sochaux) et Alonso (Bordeaux), 6 passes ;
18. Mansaré (Toulouse), Matsui (Le Mans), Ben Arfa (Lyon), Gervinho (Le Mans), Kahlenberg (Auxerre), Maurice-Belay (Sochaux), A.K. Keita (Lyon), Hellebuyck (Nice), 5 passes...

Qualifiés pour la Ligue des champions : Lyon, Bordeaux, Marseille (tour préliminaire de la Ligue des champions)
Qualifiés pour la coupe de l'UEFA : Nancy, Saint-Etienne, PSG (vainqueur de la Coupe de la Ligue)
Qualifié pour l'Intertoto : Rennes
Relégués : Metz, Strasbourg, Lens
Affluence totale : 8283889 spectateurs
Affluence moyenne par match : 21799 spectateurs
Total des buts : 868
Moyenne de buts par match : 2,28
Total expulsions : 67
Total cartons jaunes : 1334
Penalties accordés : 81
Penalties réussis : 61

	Auxerre	Bordeaux	Caen	Le Mans	Lens	Lille	Lorient	Lyon	Marseille	Metz	Monaco	Nancy	Nice	Paris-SG	Rennes	Saint-Étienne	Sochaux	Strasbourg	Toulouse	Valenciennes
Auxerre		0-2	1-0	3-0	0-0	0-1	5-3	1-3	2-0	0-0	1-0	0-0	2-0	0-1	0-2	1-3	0-1	1-1	1-0	2-0
Bordeaux	4-1		2-1	1-2	1-0	0-0	2-2	1-3	2-2	3-0	2-1	2-1	0-0	3-0	3-0	1-0	2-0	3-0	4-3	2-1
Caen	0-0	5-0		3-2	1-4	1-0	0-0	1-0	1-2	1-2	4-0	0-0	1-0	3-0	2-2	1-3	2-2	2-0	2-1	1-0
Le Mans	3-0	1-2	1-1		3-2	1-1	0-0	1-0	0-0	1-0	1-0	2-1	2-0	0-2	1-1	3-2	0-2	0-1	1-1	2-0
Lens	3-2	2-2	1-1	1-3		1-2	1-1	3-0	3-3	1-1	0-0	1-0	0-0	0-0	1-2	3-2	3-2	2-2	1-1	0-0
Lille	0-2	1-1	5-0	3-1	2-1		0-0	0-1	1-1	1-1	0-1	2-1	1-1	0-0	3-1	3-0	1-1	0-3	3-2	3-0
Lorient	1-1	1-0	0-0	0-0	1-0	1-1		2-1	1-2	2-0	2-1	0-0	0-0	1-0	0-1	1-1	2-1	1-0	1-0	1-3
Lyon	2-0	4-2	2-2	3-2	3-0	1-1	2-0		1-2	2-0	3-1	1-0	0-0	4-2	1-1	1-0	4-1	5-0	3-2	2-0
Marseille	2-1	1-2	6-1	1-0	1-0	1-3	0-0	3-1		3-1	2-0	2-2	0-2	2-1	0-0	2-0	0-1	4-3	1-2	3-1
Metz	0-1	0-1	2-1	4-3	1-2	1-2	1-2	1-5	1-2		1-4	0-0	1-2	0-0	1-1	0-1	1-2	1-2	0-2	2-1
Monaco	3-0	0-6	0-0	3-1	2-0	0-0	1-0	0-3	2-3	2-0		1-3	1-1	1-2	1-2	1-1	1-0	3-0	0-2	0-0
Nancy	4-1	1-0	1-0	1-1	2-1	2-0	2-0	1-1	1-1	2-1	2-0		2-1	1-0	2-3	2-0	1-1	3-0	1-0	0-0
Nice	1-2	1-1	3-1	0-0	1-0	0-0	1-2	0-0	0-2	3-1	0-2	1-0		2-1	1-1	3-0	0-0	1-0	1-1	1-0
Paris-SG	3-1	0-2	0-1	0-0	3-0	1-1	1-3	2-3	1-1	3-0	1-1	0-0	2-3		1-3	1-1	0-0	1-0	1-2	1-1
Rennes	1-2	0-2	1-2	3-0	3-1	2-2	2-0	0-2	3-1	2-0	0-1	0-2	1-1	2-0		1-0	0-2	3-0	2-1	1-0
Saint-Étienne	0-0	0-0	3-0	4-1	2-0	0-0	1-0	1-1	1-0	2-0	4-0	4-0	0-0	0-1	2-0		1-0	2-0	0-0	3-1
Sochaux	1-1	0-1	1-1	1-3	0-2	1-1	1-1	1-2	2-1	0-0	0-3	1-1	1-0	1-2	0-0	1-1		0-0	0-1	1-0
Strasbourg	3-0	1-1	1-4	0-1	2-1	0-1	0-0	1-2	0-0	2-3	0-2	0-0	0-1	1-2	3-0	3-0	0-2		2-0	0-0
Toulouse	2-0	0-1	1-1	0-1	1-1	1-0	0-0	1-0	0-0	0-0	0-0	1-1	1-1	1-1	0-0	0-2	1-2	1-3		2-1
Valenciennes	3-0	3-1	3-0	1-2	1-2	0-0	3-0	1-2	2-1	0-0	1-0	1-1	1-1	0-0	3-0	2-0	3-1	2-0	3-1	

LIGUE 2

Classement

Clubs	Pts	MJ	V	N	D	Bp	Bc
1. Le Havre	78	38	22	12	4	66	30
2. Nantes	70	38	19	13	6	58	34
3. Grenoble	63	38	17	12	9	44	30
4. Sedan	58	38	15	13	10	46	40
5. Clermont	57	38	14	15	9	50	41
6. Troyes	57	38	15	12	11	46	44
7. Brest	57	38	15	12	11	38	38
8. Montpellier	54	38	14	12	12	43	32
9. Ajaccio	54	38	14	12	12	37	41
10. Angers	53	38	13	14	11	39	35
11. Bastia	49	38	14	9	15	45	46
12. Guingamp	48	38	11	15	12	41	37
13. Reims	46	38	12	10	16	44	52
14. Amiens	45	38	11	12	15	49	51
15. Châteauroux	45	38	11	12	15	34	42
16. Boulogne	43	38	12	7	19	37	54
17. Dijon	42	38	9	15	14	32	51
18. Niort	41	38	11	8	19	38	48
19. L. St Seurin	32	38	7	11	20	41	62
20. Gueugnon	27	38	5	12	21	39	59

Suite à la décision du jeudi 17 avril de la Commission supérieure d'appel après les incidents de Bastia-Libourne St-Seurin, le club de Bastia a été sanctionné du retrait de deux points au classement.

Meilleurs buteurs :
1. Hoarau (Le Havre), 28 buts ;
2. Thil (Boulogne) et Fauré (Reims), 16 buts ;
4. Buengo (Amiens), 14 buts ;
5. Akrour (Grenoble), 13 buts ;
6. Alo'o Efoulou (Angers), Pentecôte (Bastia), Noro (Troyes), 12 buts ;
9. S. Camara (Montpellier), Keseru (Libourne), 11 buts ;
11., Dja Djédjé (Grenoble), Goussé (Nantes), Bagayoko (Nantes),10 buts ;
14. M. Dos Dantos (Guingamp), Mandrichi (Ajaccio), Dossevi (Nantes), 9 buts ;
18. Y. Kebe (Troyes), V. Mendy (Clermont), Ben Saada (Bastia), 8 buts...

Montent en Ligue 1 : Le Havre, Nantes et Grenoble
Relégués en National : Niort, Libourne Saint-Seurin et Gueugnon

NATIONAL

Classement

Clubs	Pts	MJ	V	N	D	Bp	Bc
1. Vannes OC	69	38	20	9	9	47	31
2. Tours FC	65	38	18	11	9	53	31
3. Nîmes	63	38	17	12	9	51	40
4. Cherbourg	61	38	17	10	11	47	37
5. Laval	58	38	14	16	8	51	31
6. Sète	56	38	14	14	10	39	29
7. Créteil	51	38	12	15	11	47	35
8. Arles	51	38	12	15	11	37	36
9. Beauvais	51	38	13	12	13	44	44
10. Paris FC	50	38	12	14	12	52	53
11. Entente SSG	50	38	15	5	18	46	52
12. Istres	50	38	13	11	14	40	42
13. Rodez	48	38	14	6	18	42	49
14. Cannes	47	38	12	14	12	41	49
15. Calais	47	38	11	14	13	39	41
16. Louhans-C.	45	38	12	9	17	40	61
17. Pau	41	38	12	5	21	39	61
18. Villemomble	41	38	9	14	15	29	38
19. Martigues	40	38	9	13	16	40	48
20. Romorantin	37	38	8	13	17	31	47

Meilleurs buteurs :
1. Adnane (Cherbourg), 20 buts ;
2. Ouédraogo (Beauvais), 18 buts ;
3. Wellington (Entente SSG), 17 buts ;
4. Malm (Nîmes), 16 buts ;
5. Dalé (Martigues), 15 buts ;
6. Vareilles (Créteil) et Giroud (Istres), 14 buts ;
8. Najih (Arles), 13 buts ...

3 points de pénalités à Cannes

Montent en Ligue 2 : Vannes, Tours et Nîmes
Relégués en CFA : Pau, Villemomble, Martigues et Romorantin

CFA

Groupe A

Vainqueur : Pacy-sur-Eure (monte en National)
Relégués en CFA 2: Wasquehal, Valenciennes B et Lesquin.
Meilleur buteur : Haquin (Guingamp B).

Groupe B

Vainqueur : Croix de Savoie (monte en National)
Relégués en CFA 2 (3) : Épernay, Berlfort et Épinal.
Meilleur buteur : José (Vesoul)

Groupe C

Vainqueur : Cassis-Carnoux (monte en National)
Relégués en CFA 2 (3) : Toulouse B, Manosque et Andrézieux.
Meilleur buteur : Djaballah (Gap).

Groupe D

Vainqueur : Bordeaux B
Monte en National : Bayonne.
Relégués en CFA 2 (3) : Poissy, les Sables-d'Olonne et Nantes B.
Meilleur buteur : Elouarri (Anglet Genêts).

CFA 2

Tableau d'honneur

Vainqueurs des huit groupes: Noisy-le-Sec, Troyes B, Villefranche-sur-Saône, Agde, Niort B, Luçon, Quimper Stade, Alfortville
Montent en CFA : Noisy-le-Sec, Troyes B, Villefranche sur Saône, Agde, Bergerac, Luçon, Quimper Stade, Alfortville.

JOUEUR FIFA DE L'ANNÉE

1991 : Matthäus (All, Bayern Munich) – 1992 : Van Basten (P-B, Milan)
1993 : Baggio (Ita, Juventus) – 1994 : Romario (Bré, Barcelone)
1995 : Weah (Lib, Milan AC) – 1996 : Ronaldo (Bré, Barcelone)
1997 : Ronaldo (Bré, Inter Milan) – 1998 : Zidane (Fra, Juventus)
1999 : Rivaldo (Bré, Barcelone) – 2000 : Zidane (Fra, Juventus)
2001 : Figo (Por, Real Madrid) – 2002 : Ronaldo (Bré, Real Madrid)
2003 : Zidane (Fra, Real Madrid) – 2004 : Ronaldinho (Bré, FC Barcelone)
2005 : Ronaldinho (Bré, FC Barcelone) – 2006 : Cannavaro (Ita, Real Madrid)
2007 : Kaká (Bré, AC Milan)

BALLON D'OR

1956 : Matthews (Ang) – 1957 : Di Stefano (Esp) – 1958 : Kopa (Fra)
1959 : Di Stefano (Esp) – 1960 : Suarez (Esp) – 1961 : Sivori (Ita)
1962 : Masopust (Tch) – 1963 : Yachine (URSS) – 1964 : Law (Éco)
1965 : Eusebio (Por) – 1966 : Charlton (Ang) – 1967 : Albert (Hon)
1968 : Best (Irl) – 1969 : Rivera (Ita) – 1970 : Muller (All)
1971 : Cruyff (P.-B.) – 1972 : Beckenbauer (All) – 1973 : Cruyff (P-B)
1974 : Cruyff (P.-B.) – 1975 : Blockhine (URS) – 1976 : Beckenbauer (All)
1977 : Simonsen (Dan) – 1978 : Keegan (Ang) – 1979 : Keegan (Ang)
1980 : Rummenigge (All) – 1981 : Rummenigge (All) – 1982 : Rossi (Ita)
1983 : Platini (Fra) – 1984 : Platini (Fra) – 1985 : Platini (Fra)
1986 : Belanov (URSS) – 1987 : Gullit (P-B) – 1988 : Van Basten (P-B)
1989 : Van Basten (P.-B.) – 1990 : Matthäus (All) – 1991 : Papin (Fra)
1992 : Van Basten (P.-B.) – 1993 : Baggio (Ita) – 1994 : Stoichkov (Bul)
1995 : Weah (Lib) – 1996 : Sammer (All) – 1997 : Ronaldo (Bré)
1998 : Zidane (Fra) – 1999 : Rivaldo (Bré) – 2000 : Figo (Por)
2001 : Owen (Ang) – 2002 : Ronaldo (Bré) – 2003 : Nedved (Rtc)
2004 : Chevtchenko (Ukr) – 2005 : Ronaldinho (Bré)
2006 : Cannavaro (Ita) – 2007 : Kaká (Bré)

TROPHÉES UNFP-CANAL +

Meilleur joueur de L1 : Karim Benzema (Lyon)
Meilleur espoir : Hatem Ben Arfa (Lyon)
Meilleur gardien de L1 : Steve Mandanda (Marseille)
Meilleur entraîneur de L1 : Laurent Blanc (Bordeaux)
Meilleur joueur de L2 : Guillaume Hoarau (Le Havre AC)
Meilleur gardien de L2 : Christophe Revault (Le Havre AC)
Meilleur entraîneur de L2 : Jean-Marc Nobilo (Le Havre AC)
Trophée d'honneur : Équipe de France 1998
Trophée spécial : Just Fontaine
Meilleur arbitre : Stéphane Lannoy
Meilleure joueuse : Sonia Bompastor (Lyon)
Plus beau but : Mathieu Valbuena, lors de Marseille-Caen (23e journée de L1)
Équipe type de L1 : Steve Mandanda (Marseille) – Laurent Bonnart (Marseille), Sébastien Puygrenier (Nancy), Vitorino Hilton (Lens), Taye Taiwo (Marseille) – Jérémy Toulalan (Lyon), Benoît Cheyrou (Marseille), Mathieu Valbuena (Marseille), Wendel (Bordeaux) Mamadou Niang (Marseille), Karim Benzema (Lyon)
Équipe type de L2 : Christophe Revault (Le Havre AC) Jean-Jacques Pierre (FC Nantes), Jérémy Henin (Le Havre AC), Nicolas Gillet (Le Havre AC), Rémi Maréval (FC Nantes) Jamel Ait Ben Idir (Le Havre AC), David De Freitas (FC Nantes), Gaël Danic (Troyes), Fahid Ben Khalfallah (SCO Angers) Guillaume Hoarau (Le Havre AC), Grégory Thil (Boulogne)

Crédits photographiques

Flash Press (Bretagnon, Crosnier, Faugère, Hervio, Jeffroy, Laurenson, Reix) /
Action Images (Boyers, Cairnduff, Heavey, O'Brien, Recine, Regan, Sibley, Smith) /
Firofoto (Caballero, Fontcuberta, Queimadelos) / Hot Sports (Gioux) / ITA /
Marcamedia (Adelantado, Casal, Ruiz) / Photo News (Kalut) /
Picture Alliance (Coch, Hase, Kneffel, Scheidemann, Schrader, Ulmer, Wittek)
pp. 7 (x 2), 10-11, 12-13, 14-15, 16-17, 18-19, 20-21, 22-23, 24-25, 28-29, 30-31, 32-33, 34-35, 40 (x 3), 41 (x 2), 42 (x 2), 43 (x 2), 45 (x 3), 46 (x 2), 47 (x 4), 49 (x 1), 50 (x 2), 51 (x 1), 52 (x 4), 53 (x 2), 54 (x 1), 55 (x 3), 56 (x 1), 57 (x 2), 59 (x 3), 60 (x 2), 61 (x 2), 62 (x 2), 63 (x 2), 64, 66 (x 2), 67 (x 3), 70 (x 3), 72 (x 3), 73 (x 3), 76 (x 2), 77 (x 3), 78 (x 3), 79 (x 2), 80 (x 2), 81 (x 4), 82, 84 (x 1), 85 (x 1), 86 (x 2), 87 (x 3), 88 (x 3), 89 (x 2), 90, 93 (x 3), 94 (x 1), 95 (x 3), 96 (x 2), 97 (x 5), 98, 100 (x 2), 101 (x 4), 102 (x 3), 103 (x 4), 104-105, 106 (x 2), 107 (x 4), 108, 110 (x 2), 111 (x 5), 112 (x 2), 113 (x 2), 114 (x 2), 115 (x 2), 116 (x 2), 117 (x 2), 118 (x 2), 119 (x 3), 120, 122 (x 2), 123 (x 3), 124 (x 2), 125 (x 3), 126, 128 (x 2), 129 (x 3), 130 (x 4), 131 (x 2), 134 (x 4), 135 (x 3), 136 (x 2), 137 (x 3), 138 (x 2), 139 (x 3), 140, 142 (x 3), 143 (x 3), 144 (x 2), 145 (x 4), 146-147, 150 (x 2), 151 (x 2), 152 (x 2), 153 (x 2), 155 (x 2), 156 (x 3), 157 (x 3), 160 (x 1), 161, 162, 163 (x 2), 164 (x 1), 165 (x 2), 167 (x 2), 168, 169 (x 2), 190-191

Panoramic / FEP (Autissier, Bibard, Le Gouic, Ledoyen, Lemaistre, Michel, Robinot) /
Alterphotos / BPI / Castano / Djorovic / Fotos / Imago / Inside / Marca / P Largo / Visentini / ZM
pp. 2-3, 7 (x 2), 8-9, 26-27, 36-37, 38, 40 (x 1), 41 (x 1), 42 (x 1), 44 (x 2), 45 (x 3), 47 (x 1), 48 (x 1), 49 (x 1), 51 (x 2), 54 (x 2), 55 (x 2), 56 (x 1), 57 (x 2), 58 (x 2), 59 (x 2), 60 (x 3), 62 (x 1), 68-69, 71 (x 1), 74, 77 (x 2), 84 (x 2), 85 (x 3), 92 (x 2), 94 (x 1), 95 (x 3), 107 (x 1), 112 (x 1), 115 (x 1), 117 (x 1), 118 (x 1), 119 (x 1), 129 (x 2), 132, 144 (x 1), 145 (x 1), 149, 151 (x 1), 154, 155 (x 1), 158, 160 (x 1), 164 (x 1), 167 (x 1)

AFP
pp. 48 (x 2), 71 (x 1)

Corbis
p. 125 (x 1)

Couverture
Photo principale : Flash Press (Jeffroy)
Petites photos, de gauche à droite : Flash Press / Action Images (Recine), Flash Press (Bretagnon), Flash Press (Jeffroy), AFP (Kovarik)

Quatrième de couverture
De gauche à droite : Flash Press (Laurenson), Flash Press (Crosnier), Panoramic / GEPA

Achevé d'imprimer en août 2008
Imprimé en Espagne

AIG
UNITED